Karl Friedrich Hensler

Der braune Robert und das blonde Nandchen

Ein Fürstengemälde in vier Aufzügen

Karl Friedrich Hensler

Der braune Robert und das blonde Nandchen
Ein Fürstengemälde in vier Aufzügen

ISBN/EAN: 9783743380530

Hergestellt in Europa, USA, Kanada, Australien, Japan

Cover: Foto ©Thomas Meinert / pixelio.de

Manufactured and distributed by brebook publishing software (www.brebook.com)

Karl Friedrich Hensler

Der braune Robert und das blonde Nandchen

Wien, 1796.

Auf Kosten und im Verlag bey Joh. Bapt.
Wallishausser, Buchhändler.

Personen.

Herzog Otto.
Blanka, seine zweyte Gemahlin.
Fürst Raimund, Ottos Jugendfreund.
Ritter Tollstirn.
Ritter Wolfstein.
Ritter Eichenhorst.
Wernek, Förster von Wildenbach.
Nandchen, seine Ziehtochter.
Rohr, ein Rüdpursche.
Robert, des Herzogs Leibschütze.
Friderike, Gräfin von Thalen, Gesellschafterinn der Herzogin.
Ihr Sohn, ein Kind von 4 Jahren.
Ritter Wildenstein.
Syrius, Hofpoet.
Stallmeister.
Mello, ein junger Mohr.
Zofen der Herzogin.
Kammerzofe der Gräfin.
Hofleute. Trabanten. Bauern.

Erster Aufzug.

Erster Auftritt.

Waldgegend, im Hintergrund eine Jägerhütte. Förster Wernek mit einem Jagdspieß kommt aus derselben.

Wernek. Welch ein lieblicher Tag! die Sonne beglänzt schon hoch unsere Tannenwipfel, spiegelt sich in dem nächtlichen Thau, und verkündet uns eine frohe Jagd. Ist mir doch immer so wohl um das Herz, wenn ich aus meiner Jagdhütte wanke, und der Sonne goldne Strahlen meine Silberhaare beglänzen. —

Zweyter Auftritt.

Wernek. Rohr einen Weidsack an sich hängend, mit einer Feldflasche.)

Rohr (halb schlaftrunken aus der Hütte.) Ist doch ein kurioß Ding um das Schlafen! mein' ordentlich, ich woll mir den Schlaf aus den Augen weg trinken — und — und — (trinkt) je mehr ich trink, desto länger möcht ich schlafen.

Wernek. Guten Morgen Rohr!

Rohr (erschrickt.) Wie? was? Herr! ihr seyd schon wach, wie ich sehe?

Wernek. Und du schon fleißig, wie ich merke! segne dirs Gott, alter Knabe! bist ein fleißiger Kerl, und wer gern arbeitet, ist auch einen guten Trunk werth.

Rohr. (gähnt mit halb geschlossenen Augen.) Habt euch heute früh aus den Federn gemacht, Herr! — (sieht nach der Sonne) muß noch früh am Tage seyn!

Wernek. Meinst du? und doch nicht früh genug, um die Hirsche und Schweine noch in ihrem Lager zu treffen. (Rohr gähnt,) (ergreift Rohrs Hand.) Rohr! hab dich lieb, Gott weiß! hab dich lieb — aber — wenn du guter Kerl! nur keine so verdammte Schlafmütze wärest.

Rohr. (lächelt.) Hahaha! und ist doch so ein gut Ding um das Schlafen! wenn man da, seine müden Glieder so hinstreckt — auf frisches Stroh — sich so gar nicht kümmert um das menschliche Leben — nichts, gar nichts denken darf, warum man auf der Welt ist; und dann, wenn man wider erwacht — wie da einem so kurrig wird am ganzen Leibe! der Appetit! der Durst! da trinkt Herr! es ist noch ein Überbleibsel vom gestern nächtigen Imbiß. —

Wernek. Trink nur du! hab schon das meinige gethan; vergiß nicht, die Jagdflasche im Waidsack mit zu nehmen? hörst du?

Rohr. Eher meinen Jagdspieß als die Flasche; seyd unbesorgt, Herr! in diesem Artikel hab ich eine Witterung troz unserm Wachtelhund.

Dritter Auftritt.

Vorige. Nandchen (aus der Hütte, des Vaters Waidtasche an der Schulter hängend, und einen grossen Humpen tragend.)

Nand. Hab ich dich noch erwischt, alter Vater! nicht wahr? Hast dich wollen so ganz heimlich aus der Kämmer schleichen, und dich davon machen? aber Nandchen wollte das nicht leiden; husch aus den Federn heraus, mich schnell angekleidet, und hab dir da — deinen Jagdimbiß zu recht gemacht. (Rohr visitirt den Jagdranzen.)

Wernek. Bist ein gutes Mädchen, Nandchen! sorgst für mich, als wenn ich dein leiblicher Vater wäre;

Nand. Bist ein närrischer Mann! was bekümmert das mich, ob du mein leiblicher Vater bist oder nicht — genug, ich hab keinen andern, und deswegen nimm ich mit dir Vorlieb.

Wernek. Und liebst mich, als wie meine Tochter? —

Nand. Das muß ich ja? Wer Nandchen lieb hat, den hat N~~andchen~~ wider lieb, und du? wer hat mich denn nach meinen Robert am liebsten? wer?

Wernek. Ich — meine Tochter?

Nand. Da siehst du nun, warum ich dir gut seyn muß. (zu Rohr, der indeß genascht hat.) Aber — was machst du denn, a~~lter Kerl~~!

Rohr. Ausgepackt! eingepackt! und gekostet ein bißl!

Nand. Laß du nur das auspacken, und einpacken; denn du möchtest davon kosten, bis nichts mehr da ist.

Rohr (mit vollem Mund.) Ist noch in Menge vorhanden; habt ihr doch schmuckes Dirnchen! für unsre Mägen gesorgt, als wenn wir über Land ziehen müßten.

Wernek (sieht in die Scene.) Sieh da! dort unten ein Wagen und zwey Reiter! sie halten an! —

Rohr (eben so.) Ein vornehmer Ritter steigt aus!

Wernek. Ist mir doch, als wenn ich das herzogliche Wappen erkennete! —

Nand. Vater! das ist ja der alte Herr aus der Stadt, der euch schon öfters besuchte, und von dem mir die Mutter erzählte, daß er mich als Kind zu euch gebracht hätte;

Wernek. Ja! er ists! es ist der alte, biedere Ritter Tollstirn!

Vierter Auftritt.

Wernek. Rohr. Nandchen. Ritter Tollstirn. Knappen.

Tollst. Guten Morgen, Vater Wernek! habt so eben ausziehen wollen in den Forst, wie ich sehe? —

Wernek. Ja! — Herr Ritter! und ihr kommt

schon so frühe aus der Residenz? habt vielleicht Aufträge an mich von unserm gnädigen Herzog?

Toll. Habs — habs — Aufträge — wichtige Aufträge!

Nand. Will der Herr Herzog vielleicht bey uns jagen?

Toll. Getroffen! schmuckes Mädchen! getroffen! (zu Wernek.) Alter, ich bin hier, um ein Wildpret, das schönste Wildpret im Wildenbacher Forst bey euch abzuholen.

Nand. (freudig.) Schön — schön! wenn der Herzog hieher kommt, seh ich vielleicht meinen lieben Robert —

Wernek. Ein Wildpret — sagt ihr? Herr Ritter! das schönste im Forst?

Toll. Ja — ja! wundert euch nicht länger; ich bin hier, um eure Pflegetocher nach Hofe zu bringen.

Wernek. Nandchen, meine Pflegetochter?

Nand. Was sagt ihr, Herr Ritter! ich nach Hof? jetzt laßt mich aus mit eurem Hof? was soll Nandchen bey Hof machen? daß man sie dort auslachen und über sie spotten kann — nein! nein! Nandchen bleibt bey ihrem Vater — (ergreift Werneks Hand, streichelt sie.)

Toll. Du sollst eine reiche, vornehme Dame werden.

Nand. Hahaha! du bist doch ein wunderlicher Mensch — wenn Nandchen aber nicht reich und vornehm seyn will — wie denn?

Toll. Du sollst die Gesellschafterinn unserer gnädigen Frau Herzogin werden.

Nand. (gezieret.) Da soll die gnädige Frau Herzogin zu mir nach Wildenbach kommen. Hörst du? sag ihr das — ja — ja ich mein es gut mit ihr; sag ihr, daß hier auf dem Lande reinere Luft wehet, jedes Blümchen auf dem Felde schöner blühet, und goldner die Sonne glänzet als in eueren marmornen Städten;

Toll. Du gehest also nicht gerne mit mir?

Nand. Nicht gerne? nicht gerne? hört doch, wie er mir die Worte verdreht — ich geh' gar nicht mit dir; hörst du? gar nicht —

Tollst. Du bist eine wunderliche Dirne! der Herzog hat es aber befohlen —

Nand. Ey was! der Herzog hat mir nichts zu befehlen und zudem — (ihn mit einem Seitenblick messend.) wer weiß, obs auch wahr ist —

Wernek (zupft sie am Rock.) Nandchen! sey nicht so unhöflich, das ist ein vornehmer Herr!

Nand. Ein vornehmer Herr? so! — (zum Vater.) aber du hast mir doch schon selber gesagt, Vater! daß die vornehmen Herrn auch vornehm lügen können. (Wernek winkt ihr.)

Toll. Wenn ich dich aber versichere, daß du mir noch gerne folgen wirst.

Nand. Da sieh, daß du lügst? hahaha — ich dir gerne folgen?

Tollst. Du wirst dort deinen Vater kennen lernen —

und das blonde Nandchen.

Nand. Meinen Vater? je nun? es wäre freilich eine schöne Sache, wenn ich ein mahl einen Menschen fände, der mein Vater seyn will; aber nein! — nein! — habt mir ohnehin meinen lieben Robert auch fort genommen, und ich weiß gewiß, das es ihm in eurer Stadt lange nicht so froh zu Muthe ist, wie hier.

Tollst. Eben dieses sollte dich ja bewegen, mit mir zu kommen — Robert ist Leibschütz bey dem Herzog — er wohnt bey Hof — du wirst ihn täglich sehen und sprechen.

Nandchen. (hüpft.) Was? Robert auch dort? ich werd ihn sehen und sprechen? (küßt Tollsten hastig.) O du lieber Graukopf! wie gut bin ich dir — (hüpft.) ich werd Robert sehen — ich werde ihn sprechen? (ergreift seine Hand.) komm — komm — ich geh gleich mit dir — so komm doch, alter Zauderer! (will ihn fort zerren.)

Tollst. (mit Unterwürfigkeit.) Ihr dürft nur befehlen, gnädigste Prinzeßin! der herzogliche Wagen steht dort bereit!

Nand. (mit großen Augen. Pause.) Was sagst du? (lacht.) hahaha — (nimmt ihn am Arm.) geh! — sag mir das Ding noch einmahl vor, Du närrischer Mensch!

Tollst. Ihr seyd Herzog Ottos Tochter — besondere Grille bewog ihn, euch hier auf dem Lande durch die Natur erziehen zu lassen — ja — ja — gnädigste Prinzeßin!

Nand. (mit dem Finger auf seine Stirne.) Armer

Mann! du dauerſt mich! biſt da oben nicht zu haus? biſt närriſch, du armer Menſch! — aber du willſt mich ja zu meinen Robert führen, nicht wahr?

Tollſt. Ja! gnädigſte Prinzeßin!

Nand. Schilt du Nandchen wie du willſt, da liegt mir nichts daran; — wenn ich nur meinen Robert ſehe — aber hör, allein fahr ich nicht mit dir, das ſag ich dir gleich.

Tollſt. Und warum?

Nand. Weil du da oben nicht richtig biſt. Den närriſchen Leuten iſt nicht zu trauen. Sieh — wenn du haben willſt, daß ich mitfahren ſoll, ſo muß mein Vater, und der alte Rohr auch dabey ſeyn. Verſtehſt du?

Tollſt. Aber wozu denn ſolche weitläuftige Begleitung? gnädigſte Prinzeßin!

Nand. Ich weiß ſchon warum? denn ſo lang du mich noch für eine Prinzeßin an ſiehſt, iſt deine Narrheit noch immer gefährlich. — Komm! — komm! (nimmt Tollſtirn an einer Wernek an der andern Hand.)

Rohr. Der Teufel kann aus dem allem klug werden; — ich ſetz mich auf den Wagen — und mach Betrachtungen mit meiner Waidtaſche. (ab.)

Fünfter Auftritt.

(Gemach im herzoglichen Pallaſt.) **Ritter Eichenhorſt. Wildenſtein.**

Eich. Herr Ritter! habt ihr auch ſchon den

braunen Robert gesehen, den der Herzog als Leibschützen aufgenommen hat?

Mild. Weiß ich doch selbst nicht, was ich aus dem Menschen machen soll.

Eich. Der Bursche ist entweder zu klug oder zu dumm, also auf jeden Fall für uns eine Nulle.

Mild. Sind gefährliche Dinger die Nullen! denn wenn nur ein einziger Zähler mehr dazu kommt, so macht es gleich eine gräßliche Summe; ich fürchte, ich fürchte, der neue Schütz wird von unsern Nullen noch manchen Zähler wegschneiden, wie meint ihr?

Eich. Nun! — nun! — er wird uns doch nicht fressen —

Mild. Fressen wohl nicht, aber beissen, gewaltig beissen wird er —

Sechster Auftritt.
Vorige. Ritter Wolfstein.

Wolf. Willkommen, Ritter Eichenhorst!

Eich. Habt ihr auch schon den neuen Schützen gesehen? wie konntet ihr denn zugeben daß ein solcher Mensch an unsern Hof gebracht wurde?

Wolf. (mit Befremden.) Und warum? ihr setzet mich in Erstaunen — ich kenne ihn nicht — aber so eben hörte ich, daß der Förster Wernek aus Wildenbach dem Herzog einen neuen Schützen gebracht hätte.

Eich. Richtig! dieser neue Schütz ist bereits schon 4 Stunden ganz allein im herzoglichen Gemach, indeß wir, seine getreuesten Diener — hier Schildwache halten müssen.

Wolf. Im herzoglichen Gemach? ganz allein?

Wild. Ein Mann mit einem Auge, das mehr zu befehlen, als zu gehorchen verspricht.

Wolf. Ich will doch nicht hoffen, daß es der vorlaute, junge Mensch ist, den ich schon einigemahl in Wildenbach gesehen habe?

Eich. Richtig! eben der ists!

Wolf. Er unterhielt eine Liebschaft mit einem Mädchen, das man nur immer das blonde Nandchen nannte.

Eich. Und ihn, den braunen Robert! ein naseweiser Pursche! dem man schon das vorlaute Wesen aus dem Augen heraus blicken sieht.

Wolf. Er hatte mir lezthin die stärkeste Bache im Forst niedergeworfen, und als ich ihn darüber zu Rede setzte, sagte er mir, statt sich zu entschuldigen, gerade unter die Nase: er würde nächstens noch einige dergleichen nieder werfen, weil sie dem Landmann zu viel Schaden thäten —

Eich. (mit höhnischem Lächel) Richtig! der ists — ein Maulaffe sonder gleichen — just von der rechten Sorte, die immer ums dritte, vierte Wort das liebe Menschengefühl im Munde führen; Herr Ritter! wir müssen auf unsrer Hut seyn —

Siebenter Auftritt.

Vorige. Ritter Tollstirn.

Toll. Ihr hier Ritter Wolfstein! ist der Herzog schon ausgeritten?

Wolf. Noch nicht! aber habt ihr auch schon den neuen Schützen gesehen?

Tollst. Nein! aber viel von ihm gehört, sehr viel.

Eich. (scharf.) Gutes oder Böses?

Tollst. Sehr viel Gutes! Gräfin von Thalen ist von ihm entzückt.

Eich. Weiberbegriffe von Männerwerth sind oft so relatif, daß man sie für Tugend und Laster zugleich nehmen kann —

Tollst. Ey ey ey! Herr Ritter! das war sehr streng, und man weiß doch wohl, daß Ritter Eichenhorst das schöne Geschlecht mit all seinen Gebrechen, die uns oft so schmeichelhaft sind, so gut wie ein anderer zu schätzen weiß.

Achter Auftritt.

Vorige. Robert aus dem Seitenzimmer, mit einem Jagdspieß.

Rob. Herr Ritter! (tiefe Verbeugung.)

Tollst. Guten Tag, Robert! ich habe viel Gutes von dir gehört.

Rob. (ergreift seine Hand.) Und ich, Herr Graf!

habe viel Gutes von euch gesehen, ich bitte um euer Wohlwollen.

Tollst. (schüttelt ihm die Hand.) Ich hab dich lieb, geh deinen Gang, ehrlicher Mann! und wenn du meine Freundschaft brauchst, so rechne auf mich.

Rob. Danke, Herr Graf! (scheint jetzt erst Ritter Wolfstein zu bemerken, und geht mit einer anständigen Verbeugung auf ihn zu.) Gut, daß ich euch hier treffe, Herr Ritter! ich sollte euch sagen, daß der Herzog noch diesen Morgen im Meinauer Forst jagen werde.

Wolf. (ohne seine Stelle zu verändern.) So! und was will er dort jagen?

Robert. Was kommt!

Wolf. Ratten und Mäuse — höchstens ein elender Kümmerer.

Robert. Ich habe dem Herzog gesagt, daß er einige gute Hirsche dort finden werde.

Wolf. (spöttisch.) Hast ihm das gesagt? hüte dich nur, daß du ihm nicht zu viel sagst.

Rob. Fürsten und Könige können nie zu viel wissen.

Wolf. (die übrigen nach der Reihe betrachtend.) Aber! daß ich fragen mag — und wer bist du denn eigentlich?

Rob. Der so genannte braune Robert, und jetzt des Herzogs Leibschütz.

Wolf. So! so! nun ich werde schon wegen der Jagd mit dem Herzog selbst sprechen.

Rob. Und ich werde so gleich Anstalt tref=

fen, daß der Herzog alles in beſter Bereitſchaft findet. (mit einer flüchtigen Verbeugung.) Kommt glücklich nach — Herr Ritter! (ab)

Neunter Auftritt.
Vorige ohne Robert.

Eich. (nach einer kleinen Pauſe) Ich erſtaune! —

Wild. Iſt das der gemeine Menſch! ey ey ey! ich denke, der gemeine Menſch ſoll uns die Köpfe noch warm machen.

Wolf. Der Moſt brauſt — laßt ihn brauſen!

Wild. Nur daß er nicht etwa dem Faſſe den Boden ausſchlägt — Ritter! ich rathe euch, arrangiret euer Geſicht anders — denn auch eurem dümmſten Hundejungen muß dieſer unter hämiſchem Troz verborgene Zug von Verlegenheit darinnen auffallen.

Zehnter Auftritt.

Vorige. Der Herzog mit einigen Jagdreiſigen.

Herz. Ihr noch hier, Wolfſtein! hat euch Robert nicht geſagt, daß ich jagen will.

Wild. Ja — gnädigſter Herr! aber erſtlich konnt' ich mich nicht ſogleich in die flüchtigen Reden dieſes mir unbekannten Menſchen finden, und dann ſchien mir beinahe die ganze Sache ein Mißverſtändniß — indem ich überzeugt bin, daß mein gnädiger Herzog in dem Meinauer Forst wenig oder gar kein Divertissement finden wird.

Herz. (lächelnd.) Sagt lieber — ihr wäret aufgebracht, daß ich mir dießmal selbst einen Schützen gewählt habe; und wegen des Divertissement? laßt es gut seyn — Robert hat mir gesagt, es stünden einige Hirsche dort, die den Unterthanen Schaden thäten — (zufrieden.) Divertissement genug, wenn wir diese wegschaffen; (Tollsten die Hand reichend.) du begleitest mich doch, alter Jugendfreund!

Tollst. (äußerst zufrieden.) Nie lieber — als auf solch einen Ritt, den der Fürst zum Wohl seiner Unterthanen unternimmt. (ab mit Wildenst.).

Eilfter Auftritt.
Eichenhorst. Wolfstein.

Eich. Das klang ja verdammt entscheidend — just so mit der rechten wahren Gelassenheit und Ruhe eines Mannes, der sich seiner innern Kraft bewußt ist.

Wolf. Eine Sprache von unserm Herzog — die ich nicht verstehe.

Eich. Der junge Mensch lebt und webt ja unter der höchsten Protection.

Wolf. (lachend.) Unter der höchsten? ihr meint, unter der Protection des Herzogs? hahaha! ihr jammert mich herzlich, wenn ihr noch glauben könnet, daß, wer unter der Protection des Herzogs

lebt, unter der höchsten lebe; wahrlich! bald könn=
te mir bangen, wenn ich nicht Weiber in mei=
nem Sold hätte, die —

Eich. Ein wahrer Strahl in der Nacht! ob
aber auch dieser daran scheitert?

Wolf. Hm! welcher Mann unter der Son=
ne scheiterte nicht in seinem Leben wenigstens ein=
mahl an den Weibern — Ihr kennet ja die schöne
Witwe, Gräfin von Thalen?

Eich. Ich hörte aber, daß sie selbst Jagd auf
ihn machte — daß sie ihn in wahrem Ernste lieb=
te.

Wolf. Um so gewisser ist sein Fall! gebt mir
eure Hand Eichenhorst! Robert soll nicht lange
der Liebling des Herzogs bleiben! Ihr kennet
meine Billigkeit —

Eich. Ja, ja! die Billigkeit des Fuchses, der
dem Bauer die Hühner frißt, um ihm das Fut=
ter zu ersparen. (ab.)

Zwölfter Auftritt.

Zimmer bey der Gräfin von Thalen. **Friderike** *sitzt an ei=
ner Ecke des Zimmers, an der andern Ecke der Hofpoet, — vor
ihm auf dem Boden liegt ein umgeschlagenes Buch, er ist sanft
eingeschlafen. Auf dem Tisch steht eine Champagner Flasche und ein
Glas.*

Frid. (nach einer kleinen Pause — blickt nach ihm.) So
ist doch nichts mit dem gelehrten Ungeheuer an=
zufangen, jetzt schläft er gar ein —, nicht einmahl
böse wird er, wenn man ihm, glaub ich — ins

Gesicht spuckte — (steht auf, verdrießlich.) Und ich hätte doch so herzliche Lust, mich zu zanken — (tritt vor ihn hin.) Syrius! Syrius!

Syr. (halb schlafend, etwas berauscht, aber ja nicht besoffen.) Und du erwachst, schöner Stern! hebst dein goldenes Haar aus den Wolken, wandelst stattlich deinen Hügel herauf?

Frid. Welchen Unsinn ich von dem Menschen anhören muß — (rüttelt ihn.) Syrius! hast du denn aber gar keine Leidenschaft?

Syr. Leidenschaft? (steht auf — im rednerischen Pomp.) Leidenschaften sind reissende Ströme, die die festesten Dämme der Vernunft zerreissen — und —

Frid. Gänsekopf! ich will nicht wissen, was Leidenschaften sind? ob du welche hast, will ich wissen, daß ich sie reizen und mich mit dir zanken kann;

Syr. Nein! gnädigste Frau! Leidenschaften hab ich nicht — aber — (langt nach der Bouteille.) Neigungen —

Frid. Zum Saufen und Schlafen — (reißt ihm die Flasche aus der Hand, und wirft sie zum Fenster hinaus.) Da! mögen die Regenwürmer in meinem Champagner sich berauschen — du sollst dursten!

Syr. (die Hände über seinen Bauch schlagend.) Gnädige Gräfin! jetzt habt ihr einen Theil von meinem Daseyn losgerissen.

Frid. Und das vielleicht oben drein den besten — aber so zanke doch, verdammter Süffling!

Syr. Aber wozu denn, göttliche Sterbliche! wozu zanken! da rührt man nur die schlafende Galle im Magen auf, und verderbt sich den Geschmack; (*küßt ihr zärtlich die Hand.*) Soll ich die Jose rufen?

Frid. Nein! sag ich — eine ganze Stunde sollst du dursten und nicht schlafen — du häßlicher Mensch!

Syr. Häßlich bin ich, das sagt mir mein Spiegel — aber ich habe eine desto schönere Seele — ach! wie es mich durstet —

Frid. O du ewiger Wirrwarr von Wein und Unsinn! setz dich, und laß erst einige Worte von Wichtigkeit mit dir sprechen, (*setzt sich zu ihr.*) du kennst ja den neuen Schützen, den man nur bey Hofe den braunen Robert nennt?

Syr. O ja! — ein schöner, ein allerliebster Mann! —

Frid. Er ist des Herzogs Liebling —

Syr. Er verdient es auch, der gute Robert! und unter diesem Monde hat wohl noch nie ein Fürst so sicher sein Herz einem Menschen anvertrauen können, wie diesem.

Frid. Meinst du? er soll aber doch auch seine schwachen Seiten haben?

Syr. O welcher Mann hat diese nicht, so bald es den Weibern darum zu thun ist, diese Schwachheiten aufzusuchen —

Frid. (*mit verbissenem Willen.*) Hör! man merkt es sehr, daß du durstest — (*eine Pause.*) Ich

wüßte zwar nicht, warum ich mich für diesen
ganz unbedeutenden Menschen interessiren sollte,
— aber — (ihn herablassend an der Hand ergreifend.)
Syrius! ich weiß, dir entgeht kein Gedanke,
wenn du auch selber keinen mehr zu haben scheinst
— (ihn scharf betrachtend.) höre Syrius! Robert hängt
an einem Mädchen —

Syr. (ohne sich im geringsten zu verändern.) So!

Frid. (schaut ihm fest ins Aug.) Dich durstet sehr —
armer Syrius! (schellt. Zur Zofe.) Eine Flasche von
meinem besten Hochheimer!

Syr. (wischt sich in sichtbarer Zufriedenheit den Mund.)
Nun, Gott sey Dank! die böse Laune wäre glücklich
überstanden.

Frid. Hast ja keinen vernünftigen Gedanken,
so lange du durstest — (Zofe bringt eine Flasche.)

Syr. O du gesegneter Göttertranck! der du
aus Bettlern Könige machst, und aus Dummkö-
pfen Weise — (schenkt sich schnell ein. Trinkt, — streicht sich
den Magen.) So! o wie das so wohlthätig durch
das ganze Daseyn hinströmt — wie das rauscht,
wie das brennt — wie das begeistert —

Frid. (beis.) Jetzt ist es Zeit, einen Blick in
dieses häßliche Gemisch von Klugheit und Thor-
heit zu thun — (setzt sich neben ihn, legt ihm vertraulich
die Hand auf die Schulter.) du kennst also den neuen
Schützen schon von alten Zeiten her?

Syr. (traurig.) Er lebe! kurz waren die Tage
unserer Freundschaft — aber schön —

Frid. So wirst du also auch seine vorherige Geliebte, das blonde Nandchen kennen?

Syr. (trinkt.) Gnädige Gräfin! eure Zofe ist ein ehrliches Mädchen — sie hat mir guten, echten Hochheimer gebracht.

Frid. Sie weiß es schon, daß du bey der zweiten Flasche zuweilen das Gleichgewicht, aber nie den Geschmack zu verlieren pflegst — also wegen Robert —

Syr. Hahaha — auf diese Art wäre also das Mädchen, wie so manche Menschen — nur aus Gründen ehrlich, und nicht von Natur —

Frid. (etwas unwillig.) Das geht mich nichts an — genug — sie ist's — und damit bin ich zufrieden.

Syr. (trinkt.) Ich auch — — aber — doch ein mächtiger Unterschied unter ehrlich seyn aus Gründen, und ehrlich seyn von Natur — allemal besser ist der Mensch, der sich für sich selbst, als der — der sich für dem Galgen fürchtet —

Frid. (ausbrechend.) Alter Schulfuchs! und von welcher Sorte bist denn also du?

Syr. (trinkt.) Ich? (mit pathetischer Gestikulation.) Ich bin von Natur ehrlich —

Frid. (freundlich.) Trink! trink! lieber Syrius! und erzähle mir lieber etwas von Robert und seinem Mädchen —

Syr. Seht — ich versteh euch — ihr wollt aus mir einen Dudelsack machen, der tönen soll, wie ihr greift? aber das thu' ich nicht (er trinkt das

Letzte aus. Steht auf.) Meint ihr wohl, ich soll um eurer Flasche Wein willen an meinem Freund und an Gott und aller Welt zum Bärnhäuter werden?

Frid. Bist du von Sinnen — Kerl!

Syr. Gehorsamer Diener! — (schiebt Glas und Flasche zurück.) Nein! und sollt ich ewig dursten, verflucht sey der Tropfen Wein, den ich mehr bey euch trinke — (mit einer höflichen Verbeugung.) Merkts euch — gnädigste Gräfin! es gibt noch Menschen, die von Natur ehrlich sind. (ab.)

Frid. (sieht ihm lange voll Verwunderung nach.) Was hab ich gehört? waren das Worte unsers ewig besoffenen Hofpoeten? Also betrogen? wider betrogen? (ruft.) Bertha — Bertha!

Bertha. Gnädige Gräfin!

Frid. So bald Ritter Wolfstein von der Jagd zurückkehrt, kömmt er hieher — o über den ehrlichen Schurken! ich möchte rasend werden. (ab.)

Dreyzehnter Auftritt.

Meinauer Forst. Man hört entfernt Jagdhörner tönen. Herzog Otto. Tollstirn. Ritter Wildenstein. Eichenhorst. Mehrere Jagdreisige.

Herz. Bald fange ich an, mißmuthig zu werden — schon zwey Stunden kreuzen wir durch dieses Gehölz, ohne einen Hirsch anzutreffen —

Eich. Das hätte ich euch, gnädigster Herr! vorher sagen können — aber die vorlaute Einladung des neuen Schützen. —

Vierzehnter Auftritt.

Vorige. Ritter Wolfstein auſſer Athem.

Wolf. Gnädigſter Herr! Mit unſerer Jagd iſts am Ende — die Bauern wollen nicht jagen —

Herz. Und warum nicht?

Wolf. Weil es Erndte iſt — ſie ſagen, ſie hätten es in ihren Briefen, daß ſie in dem Erndtemond nicht jagen dürften, die Beſtien!

Herz. (ernſt.) Mäſſigung — Herr Ritter! ich bin Regent über Menſchen und nicht über Beſtien. Im Grunde haben ſie Recht — Man hätte es ſagen ſollen — Robert konnte das nicht wiſſen —

Wolf. Aber die Gegenwart des Herzogs machte ſonſt immer eine Ausnahme —

Herz. Ihr macht immer gern Ausnahmen auf Koſten des Regenten — aber das Wohl des Unterthans muß nicht darunter leiden, das verbitte ich mir für die Zukunft —

Eich. Und wenn ſie alſo nicht gutwillig wollen — (mit Spott.) Soll man ſie bitten?

Herz. Das wird ſich finden;

Wolf. Aber wer ſteht für die Folgen?

Herz. Ich! es ſind gute Menſchen, meine Unterthanen — und ich weiß, ſie lieben mich; ich wollte nicht allein zu meinem Vergnügen, ſondern zu ihrem eigenen Nutzen die Hirſche erlegen, die ihnen Schaden thun.

Fünfzehnter Auftritt.
Vorige. Robert.

Herz. (ihm entgegen rufend.) Also wollen sie wirklich nicht jagen?

Robert. Nicht wollen? wer sagt, daß sie nicht wollen?

Wolf. (trozend.) Ich! Sie haben mirs unters Gesicht gesagt, die Starrköpfe!

Robert. (bitter) Ich habe davon nichts gehört. Gnädigster Herzog! wenn diese guten Menschen Starrköpfe sind, so gibt es keine Volksliebe mehr unter der Sonne für ihren Regenten.

Wolfst. (spottend zu Eichenhorst.) Eine schöne Volksliebe!

Eich. So sollten sie sich wenigstens deutlicher erklären, man versteht sie nicht.

Robert. Sie können sich nicht deutlicher erklären, wenn man sie nur verstehen will; dort stehen sie an ihrem Waizen, der schon 3 Tage geschnitten und noch nicht aufgebunden ist — dort stehen sie, und strecken ihre Hände zum Himmel gegen die rings sich aufthürmenden Gewitter — er ist ihnen schon 2 Mahl naß geworden — wird er ihnen noch einmahl naß, so bleibt er ihnen halb auf dem Felde liegen — (Stille Pause.)

Herz. (bewegt.) Die guten, armen Leute!

Robert. Wir lieben unsern Herzog wie unsern Vater, sagen sie — aber unser Brod hier — das Brod unserer Kinder — und auch das Brod unsers Herzogs! wovon sollen wir leben, wovon ihm Steuer und Gaben bezahlen? Er liebt uns wie seine Kinder, er will gewiß nicht, daß unser saurer Schweiß hier vergebens angewendet sey, und unser Brod zu Grunde gehen soll!

Herz. Nein! bey Gott! das will ich nicht — (ergreit Roberts Hand, mit huldvollem Lächeln.) also das haben sie wirklich gesagt?

Robert. (an sein Herz schlagend.) So wahr Gott lebt, das war die allgemeine Stimme, als ich ihnen zuredete; und — gnädigster Herr! ich konnte nicht sagen, ihr habt Unrecht —

Herz. Ich auch nicht — halt! was hör' ich —

Sechzehnter Auftritt..

Vorige. Viele Bauern, mit aufgestilpten Ärmeln, wie sie gerade vom Schnitt kommen.

Wolf. (will sie forttreiben.) Fort — fort ihr Leute — der Herzog, unser gnädigster Herr ist hier —

1 Br. Eben recht, daß er da ist — deßwegen sind wir ja auch da — (geht zu ihm hin, küßt ihm den Rock.) Nichts für ungut, gnädiger Herr Herzog! aber mein — es kann nit seyn — schaut — wir haben euch Alle so lieb wie unsern Herrgott —

Alle. Ja — ja — das hat seine Richtigkeit — wie unsern Herrgott!

1 Br. Aber schaut — unser eins sieht auch dem Augenblick mit Freuden entgegen, wenn man ein neues Brod essen kann —

Herz. (trocknet sich eine Thräne.) Gott soll es euch seegnen, gute Menschen!

1 Br. Morgen, gnädiger Herr Herzog! Morgen, wenn wir unsern Waizen zu Haus haben, wollen wir von Herzen gern jagen —

Alle. Ja — ja — morgen — von Herzen gern —

1 Br. Mein! wir würden uns ja der Sünde fürchten, unserm lieben Herzog seine Freude zu verderben, da wir euch alle so lieb haben — aber morgen —

Herz. (lächelnd.) Also morgen — meint ihr — morgen!

1 Br. Da stehen wir euch auch alle mit Leib und Seel zu Diensten — wir thätens auch heut gern, wenn ihrs befehlt — aber da seht — die Gewitterwolcken — da wird uns wohl unser lieber Waizen naß —

Herz. Nein — gute Menschen! heute nicht — aber zum Beweis, daß ich nicht böse auf euch bin — komme ich morgen zu euch —

(Alle küssen ihm den Rock.) 1 Br. O Gott seegne unsern guten Herzog —

Herz. Robert! wir reiten nach Hauß. — Kinder! Morgen esse ich mit euch von euerm Waizenbrod — ich will die Wonne fühlen — an eurer Seite den Seegen Gottes zu geniessen, woran keine Unterthanen Thräne hängt —

Alle. (mit empor gehobenen Händen.) O Glück

und Seegen von dem Himmel — über unsern guten Fürsten!
(Der Vorhang fällt.)

Zweyter Aufzug.

Erster Auftritt.

Nandchens Hofzimmer. **Nandchen** prächtig geputzt. Zwey Zofen heften ihr eine Perlenschnur in die Haare.

1 Zofe. Nur noch diese Perlschnur, gnädigste Prinzessin!

Nand. (immer hin und her nickend.) Aber ich bitt' euch um des Himmels willen, liebe Mädchen! laßt mich nur einmahl loß — Nandchen kann unmöglich so lang auf einem Fleck sitzen bleiben. (will aufstehen.)

2 Zofe. Es ist aber der Befehl unserer allergnädigsten Herzogin —

Nand. Nandchen so zu plagen und so zu quälen? ey so wollt ich, daß mich die Herzogin bey meinem Pflegevater gelassen hätte; bist du noch nicht fertig —

1 Zofe. (mit einem tiefen Knicks.) Jetzt können Er. Hoheit hin, wohin es euch beliebt —

Nand. (steht auf, macht einen noch tiefern Knicks, das

sie stolpert.) Nun sieh — mit deinem einfältigen Knicksen — jetzt hätteſt du bald gemacht, daß Nandchen auf die Naſe gefallen wäre.

2. Zofe. Habt ihr ſonſt noch etwas zu befehlen, gnädigſte Prinzeſſin!

Nand. Nichts — als daß ihr mich ſollet zufrieden laſſen — Nandchen will allein ſeyn.

1. Zofe. Wenn aber — (mit einem tiefen Knicks.)

Nand. Ey ja wohl — jetzt laß ichs bleiben — bin vorhin beinahe auf den Boden gefallen; mach du Knickſe ſo viel du willſt — mich kriegſt du nicht mehr daran —

2. Zofe. Wenn eure Hoheit unſere Gegenwart verlangen, hier iſt eine Glocke —

Nand. Was ſoll ich denn mit der Glocke machen —

1. Zofe. Wir ſtehen im Vorzimmer zu Euer Hoheit Befehl — ſo wie Euer Hoheit gänzliche hohe Dienerſchaft —

Nand. Ach! Nandchen wär zufrieden, wenn ſie ſich ſelber bedienen dürfte — liebe Mädchen! ſeyd lieber meine Freundinnen — ich mag Niemand um mich haben, dem ich befehlen ſoll — (nimmt ſie freundlich an der Hand.) wollt ihr — wollt ihr meine Freundinnen ſeyn — kommt, wir wollen ſpielen — tanzen — luſtig ſeyn — (nimmt die Zofe, mit ihr zu tanzen.)

1. Zofe. Euer Hoheit belieben zu ſcherzen —

Nand. Biſt ſchon wieder mit deiner Hoheit da — geht! — geht! — es iſt mit euch auch kein einziges kluges Wort zu reden — geht lieber fort, und holt mir meinen Robert —

2. Zofen. Des Herzogs Leibschützen?

Nand. Nun ja — ihr werdet ihn doch schon gesehen haben —

1. Zofe. Erst heute früh sah ich ihn auf die Jagd reiten hinter dem Herzog — wie er so stolz auf seinem Araber einher ritt — so ganz seiner Vorzüge bewußt gegen tausende seines Geschlechts —

Nand. (küßt sie.) O dafür muß ich dich küssen — nicht wahr — wie er hervor leuchtet unter dem übrigen Männervolk — geht — geht liebe Mädchen! wartet seiner am Thor — und wenn ihr ihn sehet, so sagt ihm nur, Nandchen wäre hier —

2. Zofe. (zu der ersten.) Was sie doch mit dem Leibschützen haben will —

Nand. Aber so besinnt euch doch nicht so lange — geht nur, geht nur — (Sie er ihnen die Thüre.)

1. Zofe. Wie Euer Hoheit befehlen —

Nand. Ja — ja — ich befehle — so packt euch doch — (Nandchen allein.) Was das eine Ziererey ist unter den vornehmen Menschen — sonst — wenn ich des Morgens aufstund, warf ich meine Kleider über mich, eilte so geschwind ich konnte, in meinen Garten, aß meine Milchsuppe — aber jetzt muß Nandchen ein schwarzes Getränk trinken, das Nandchen so warm macht, als wenn sie in der Hölle säß — dann zerren sie ihr den Kopf hin und her — legen ihr ein Kleid an, machen Knickse um sie herum, als wenn sie besessen wären, nennen sie hinten und vorn Hoheit und Prinzessin — (Louise.) Ha ha ha! wie das weht — wie das geht — es ist nicht anders, als wenn ich fliegen sollte — (Sie nimmt einen Theil ihres Kleides in die Hand.) Ach freilich hat Nandchen noch in ihrem Leben kein so kostbares Kleid getragen — die schönen Blümchen hier — so künstlich darein gestickt — aber doch lange nicht so schön, als die Blumen, die ich immer mit Robert an unserem Mühlenbach gepflückt habe. — (Sie nimmt den Spiegel, stellt ihn auf die Erde.) Herrlich — allerliebst — bin ich noch Nandchen — oder bin ich's nicht? — gestickte Schuhe auch. — (Einsweilen hat sich der kleine Mohr herein geschlichen, er stellt sich so, daß sie ihn zuerst im Spiegel sieht.) (Sie macht Knickse.) So! so! da wird sich mein Robert freuen, wenn Nandchen so schöne Knickse — (schreit.) O weh! welch ein schwarzes Affengesicht hab ich in meinem Spiegel gesehen — (hält die Hände vor das Gesicht,

(Mohr fällt auf sein Gesicht.) Gnädigste Prinzessin! Nandchen sieht sich um, erschrickt noch heftiger, und retirirt sich hinter einen Stuhl.) Willst du mir vom Leib bleiben? du schwarzer Unhold!

Mello. Ich bin in euern Diensten, gnädigste Prinzessin!

Nand. Geh du bey dem Lucifer in Dienste,

aber bey mir nicht, du Affengeſicht! (ſie ſchellt.) Wart! ich dich will bald weg haben.

Zweyter Auftritt.

Vorige. Der Stallmeiſter tritt ein. Mehrere Bedienter. Die Zofen.

Stallmeiſter. Was iſt zu Er. Hoheit Befehl — gnädigſte Prinzeſſin!

Nand. (immer noch ſich retirirend.) Schaft mir den ſchwarzen Affen da aus dem Gemach, oder ich lauf davon —

Stall. Es iſt aber Er. Hoheit Leibpage, den ſeine Durchlaucht, unſer gnädigſter Herzog in Dero Hofdienerſchaft aufgenommen haben.

Nand. Ey — wenn ich mich ja muß bedienen laſſen, ſo will ich mich von Menſchen, und nicht von Affen bedienen laſſen, verſtehſt du mich.

Stall. Er. Hoheit belieben zu ſcherzen — dieſer Mohr iſt ein Menſch wie wir.

Nand. Sieh — wie du lügſt — hat er nicht ein Geſicht, wie man den Teufel abmahlt

Stall. Es gibt aber auch ſchwarze Menſchen, komm her! Mello! laß dich von unſrer gnädigſten Prinzeſſin angreifen

Nand. Das laß ich bleiben — (geht ängſtlich zurück.) ey — ey — du kriegſt mich nicht daran —

Stall. (ergreift Mellos Hand, und führt ihn näher.)

Nand. Rühr ihn nicht an — er wird dich beiſſen — (ſchreyt ängſtlich.)

Stall. (streichelt ihm die Haare.) O nein, das thut er nicht.

Nand. (kommt langsam hervor.) Aus Neugierde möcht' ich ihn doch auch angreifen — ich denke — wenn — wenn er dir nichts thut, wird er mir auch nichts thun — (er greift furchtsam seine Hand) nicht wahr? hahaha! du bist ein närrischer Mensch! (streicht ihm den Kopf.) Was er für krause Härchen hat — wie wollicht — wie zart — und du willst mich also bedienen?

(Mohr stürzt zur Erde.) Ich bin euer Sklave, gnädigste Prinzeß!

Nan. (erschrikt heftig, weicht angstvoll zurück.) Nun — nun — hab ichs nicht gesagt, daß er mich beißen wird?

Stall. Es ist so seine Sitte, gnädigste Prinzeß, auf diese Art seine Unterthänigkeit zu erkennen zu geben —

Nand. Ich will es aber nicht haben, daß er mich so erschrecken soll — wenn er ein Mensch ist, wie du sagst, wie ich und du — so schickt es sich ja nicht, daß er vor mir auf die Erde niederfällt — (Pause.) So! jetzt könnet ihr schon wider gehen — (Sie gehen alle, bis auf den Stallmeister, den sie zurück ruft.

Nand. Aber hör du — du hast mir ja noch nicht gesagt, wer du bist?

Stall. Ich bin Eur. Hoheit Stallmeister —

Nand. (lacht.) Bist schon wieder ein närrischer Mensch — zu was braucht den Nandchen einen

und das blonde Nandchen.

Stallmeister — Nandchen hat ja kein Pferd — kann nicht reiten —

Stall. Seine Durchlaucht gaben zu Er. Hoheit Disposition 12 der schönsten Schulpferde aus dem Marstall, worunter sich 2 allerliebste kleine Corsicaner Schimmel befinden, — Er. Hoheit belieben nur zu befehlen, wenn sie gesattelt seyn sollen —

Nand. So sattle alle 12 — wer wird denn aber darauf reiten? —

Stall. Wer anders, als meine gnädigste Prinzeßin —

Dritter Auftritt.

Vorige. Ein Bedienter.

Bed. Der Leibschütze Robert wünscht —

Nand. (*züpft.*) Robert — Robert! mein Robert — geht — geht — er soll kommen — (*führt beyde zur Thüre.*) fort — er soll kommen —

Stall. Und die 2 Corsicaner Schimmel? — soll ich einen davon satteln lassen —

Nand. Laß du meinetwegen den ganzen Marstall sattlen — geh jetzt nur, fort — fort. (*Sie wirft ihn beynahe zur Thüre hinaus.*)

Nand. (*allein. läuft freudenvoll umher.*) Mein Robert — mein Robert — ich werd ihn sehen — ich werd ihn sehen.

Vierter Auftritt.

Nandchen. Robert mit einer tiefen Verbeugung, bleibt ehrfurchtsvoll an der Thüre stehen.

Rob. Euer Hoheit gnädigster Befehl —

Nand. (fliegt in seine Arme, aus denen sich Robert ängstlich zu wenden sucht.) Bist du da, du lieber Robert! hab ich dich wieder —

Rob. Euer Hoheit geruhen ihres unterthänigsten Dieners zu spotten —

Nand. Was ist das? bist du klug, du närrischer Robert! schier glaub ich, du wirst auch wie die andern Menschen, und glaubst, du dürfest mich nicht mehr küssen, weil Nandchen Prinzeß ist —

Rob. (küßt ihr die Hand.) Ach — darf ich — soll ich — englisches Nandchen!

Nand. So! hast du das Handküssen auch schon gelernt — ach lieber Robert! ich weiß gar nicht, was ich anfangen soll; da will dir nun gar Niemand mehr mit mir lachen und springen und schäckern — und du weißts, Robert! dein Nandchen lacht und springt und schäckert doch so gern — Alles steht und geht so steif um mich herum, als ob es von Holz wär — schleicht auf den Zehen, als ob ich immer schlief, und sie mich nicht aufwecken wollten — und wenn ich nur eines ansehe oder was haben will, so fährt alles zusammen und läuft unter einander, als ob sie sich vor mir fürchteten — ach — Robert! und Nandchen mag doch nicht gefürchtet, Nandchen will nur geliebt seyn —

Rob. Göttliche Seele! o daß es dir möglich wäre, so zu bleiben, wie du bist.

Nand. Das will ich — ich wüßt' auch gar nicht, warum ich mich ändern sollte? du närrischer Robert!

Rob. Ach — Nandchen! da gibt es der Conventionen so viele, warum du dich wirst ändern müssen —

Nand. Ich will mich nun aber nicht ändern —

Rob. Nandchen! du konntest einst wünschen, und deine Wünsche waren stille Befehle — jetzt kannst du befehlen, und Alles wird wetteifern, deine Befehle zu erfüllen; aber die Wünsche, die wärmsten Wünsche deines Herzens werden schweigen müssen —

Nand. (rasch und entschlossen.) Du sagst, ich könnte befehlen? Nun so soll mein erster und strengster Befehl seyn, den Robert zu lieben.

Rob. Und du wolltest mich morden? Mädchen! ich danke dir so manche schöne Stunde meines Lebens — Ewigkeiten küßte ich einst auf diesen Lippen hinweg wie Minuten, und die trägen Stunden der Überlegung schlichen wie Jahrhunderte hinter drein — aber soll ich — darf ich dich noch länger lieben —?

Nand. O Robert! Robert! liebe mich — wahrlich, es kann kein Verbrechen seyn, daß wir uns lieben — sonst hätte der gute Gott gewiß diese Süßigkeit nicht hineingelegt, die den Menschen aus dem Himmel in die Hölle locken könnte. (heisse Umarmung.)

Rob. Das heiße ich leben! sage mir einer, der Tod ist bitter, wenn er nur eine Stunde so gelebt hat — ich heiß ihn einen Schurken noch in der letzten Todesangst.

Nand. Wie du so traurig und finster aussiehst — o Robert! (weint) einst — wenn du naß oder halb erfroren von der Jagd kamest, und ich — mit dem warmen Überrock dir entgegen sprang — o da schlossest du mich so zufrieden in deinen Arm, und wußtest nichts mehr von Frost und Regen — damals, Robert! ach — damals wars besser als jetzt —

Rob. Damals besser als jetzt? jetzt im ersten Glanze des Hofs — eine Herzogstochter — damals, als das arme Nandchen noch nicht wußte, ob es einen Vater hatte —

Nand. (ihm zufrieden ins Auge blickend) Hätte doch Nandchen einen Robert! Denckst du noch daran, Robert! da sie dich als des Herzogs Liebling nach Hofe holten, und ich so sorgsam dir zu rief: wird auch Robert nun — in seinem Glanze — das arme Nandchen vergessen?

Rob. Dich vergessen? o Nandchen! und wär ich selbst König oder Königssohn, dich könnte ich nicht vergessen. Meine Krone wollte ich niederlegen, und Nandchens glücklicher Bürger bleiben —

und das blonde Nandchen.

aber — jetzt — (man hört den Herzog) Leb wohl — wir werden überrascht —

Nand. Du kömmst doch bald wider —

Rob. Ja! wenn der arme Robert nicht in Nandchens Sonnenstrahlen erfrieren wird. (ab.)

Fönfter Auftritt.
Nandchen. Der Herzog.

Nand. Wenn der arme Robert nicht in Nandchens Sonnenstralen erfrieren wird — sagte er nicht so? wenn ich nur wüßte, wer mir das verworrene Zeug da auflösen könnte — die böse Menschen! jetzt meinen sie, Nandchen soll den Robert nicht mehr lieb haben, weil Nandchen Prinzeß ist — wollen sogar haben, Nandchen soll nicht mehr lachen und hüpfen, nicht mehr dem guten Menschen um den Hals fallen, pfuy — das wär garstig — (der Herzog kömmt, sie fällt ihm um den Hals.) lieber Vater! Nandchen mag nicht Prinzeß seyn — sey du immerhin Herzog, König oder Kaiser, oder was du willst, — laß du nur Nandchen ein Bürgermädchen bleiben —

Herz. Aber sage mir, Nandchen! was du da treibst — ich stehe schon lange hinter dir, und du hast mich nicht bemerkt.

Nand. (nimmt den Herzog an der Hand.) Sey nicht böse, lieber Vater! ich konnte dich nicht bemerken, denn ich habe über etwas nachgedacht —

Herz. Nandchen — und denken? seit wenn denkt denn Nandchen?

Nand (unruhig.) Ach — erst seit einer halben Stunde — lieber Vater! ich habe doch nicht Unrecht gethan? Sage mir — so will ich auch in meinem Leben nicht wieder denken.

Herz. Nein, nein — Nandchen! es ist recht gut, daß man denkt, ehe man handelt, und es freut mich, daß Nandchen nach und nach anfängt, zu denken — denn bisher hat das wilde Mädchen nur gefühlt und gehandelt.

Nand. (schmeichlend) Ich bin nicht mehr wild — aber — lieber Vater! Nandchen denkt jetzt gar viel —

Herz. (lächelnd) So! schon seit einer halben Stunde? was dachtest du denn aber eigentlich so tief?

Nand. (offen und gutherzig) Ich will dirs sagen, lieber Vater! denn was sagte ich dir nicht. Sieh! da sprach ich eben mit dem Robert — und hielts ihm vor, daß auch er nicht mehr so vertraulich seyn will, wie sonst, da ich noch nicht Prinzeß war — da sagte er: der arme Robert erfrierte in Nandchens Sonnenstrahlen — ich weiß gar nicht, was er damit sagen wollte — Guter Vater! bitte — weißt du's — so sage du mirs —

Herz. Ich werde mich wohl dafür hüthen — laß du dirs nur von ihm selbst erklären —

Nand. Aber wird er mirs wohl sagen?

Herz. Ich zweifle — vielleicht zittert er, es sich selbst zu gestehen —

Nand. Aber warum denn zittern? Er hat ja nichts böses gethan — freylich ist er jetzt nicht mehr so aufrichtig gegen mich, wie sonsten —

Herz. Das ist ein Beweis seiner Klugheit. Einst, als du noch nicht wußtest, aus welcher Puppe du, Schmetterling! gekrochen warest, einst waret ihr einander so ziemlich gleich — jetzt aber, da du Herzogs Tochter bist, müssen alle jene Vertraulichkeiten wegfallen —

Nand. Ach — guter Vater! bitte — bitte — ich mag nicht länger Prinzeß seyn —

Herz. (sanft und gefühlvoll) Auch nicht meine Tochter?

Nand. (rasch.) Ach — ja — ja — deine Tochter — das will ich seyn — aber ach (in liebenswürdiger Unschuld) nur nicht Prinzeß —

Herz. (gelassen) Das geht nicht an — entweder Prinzeßinn oder nicht meine Tochter — dieses ist das unwiederruflichste Gesetz der Natur — (in festem Ernst) Wähle —

Nand. (die Hände ringend.) Vater! Vater! — o Gott! wie wird sich mein Herz theilen, ohne zu brechen.

Herz. (sie aufrichtend) Nandchen! quäle dein gutes Herz nicht um diese Theilung — es gibt noch Ausflucht — zwar wirst du Prinzeßinn bleiben müssen — aber sey getrost — handle nach deinem Herzen, es wird dich nicht übel führen.

Nand. (*fängt sich an des Vaters Hals*) Und mein Robert?

Herz. Was geht dich Robert an — er geht seinen Gang, und du den deinigen — übrigens schweigst du streng von dem, wovon wir so eben gesprochen haben.

Nand. Wovon haben wir denn gesprochen, lieber Vater? Nandchen weiß kein Wort mehr—

Herz. (*streng*) Auch Robert und Niemand darf erfahren, daß sein Name unter uns beyden ist genannt worden—

Nand. Aber du bist ihm doch gut, dem armen Robert—

Herz. Herzlich gut — und eben deswegen gebiete ich dir eben so streng zu schweigen — übertrittst du meinen Befehl, dann hast du Ursache, um sein Leben zu zittern. (*ab.*

Nand. (*erschrickt*) Dann hast du Ursache um sein Leben zu zittern — (*in Gedanken*) was denn mein Vater davon haben mag, daß ich gegen meinen Robert so geheimnißvoll thun soll; (*trocknet sich eine Thräne*) Ach! — wäre ich lieber bey meinem Pflegevater in Wildenbach geblieben — dort — o dort — an seiner Seite — (*mit erhobenen Blicke.*) Gott! du weißt es — es waren die schönsten Tage meines Lebens. (*ab.*

Sechster Auftritt.

Ritter Eichenhorst. Ritter Wolfstein.

Eich. Habt ihr die neue Prinzeßinn auch schon gesehen — Ritter?

Wolfst. Eine wunderbare Grille von unserem Herzog, die Tochter seiner ersten Gemahlinn — dern Bestimmung die große Welt ist, in der tiefesten Niedrigkeit erziehen zu lassen —

Eich. Und wißt ihr auch, daß eben diese Prinzeßinn dasjenige Mädchen ist, mit dem unser verdammte Schütze in Wildenbach eine Liebschaft unterhielt —

Wolfst. Ha ha ha — desto besser — je näher beim Feuer, desto bälder verbrennt er sich die Pfoten — hab schon ein Plänchen geschmiedet — Wenn wir Männer uns nicht mehr zu helfen wissen, müssen wir unsere Zuflucht zu den Weibern nehmen.

Eich. Und dieses Weib?

Wolfst. Ist Gräfinn Thalen — sie kannte den Leibschützen schon seit 2 Jahren, da sie nahe bey Wildenbach auf ihrem Landgut war —

Eich. Wenn aber auch diese nichts auswirket. —

Wolff. Dann sind die Aussichten schlecht — denn was können die Männer noch hoffen, wenn die Weiber verzweifeln. (ab)

Siebenter Auftritt.
Der Herzog. Robert.

Herz. Also du kömmst, um für diese arme Familie zu bitten —

Robert. Lasset mein Fürwort, gnädigster Herzog! Eingang in Eurem Herzen finden; der Vater diente Euch 20 Jahre ehrlich und treu — er ist ohne Brod — gestürzt durch Kabbale — 7 lebendige Kinder und ein ehrliches, rechtschaffenes Weib sind die Theilnehmer seines Unglückes —

Herz. Und wer lernte dich diese arme Familie kennen, Robert?

Rob. Friderike v. Thalen nimmt sich derselben auf das thätigste an — o versagt mir die Wonne nicht, gnädigster Herr! diesem edlen Weibe ihr Zutrauen, das sie in mich setzte, durch eine frohe Bothschaft belohnen zu können —

Herz. (ergreift seine Hand) Guter Robert! du verdienst das Glück, der Liebling deines Fürsten zu seyn —

Rob. Bin auch stolz darauf, und werde dieses Vertrauen nie benutzen, als zum allgemeinen Wohl der Menschheit. Ich ehre den Fürsten, den sein Geist eben so, wie seine Geburt über das Volk erhebt — aber den gefühlvollen Fürsten bethe ich an, denn nur dieser ist gleich der Sonne — Schöpfer des Glücks — das wahre Bild der Gottheit in seiner Natur —

Herz. Geh — Robert! sage der Gräfinn — ihre Bitte ist gewährt, und hier — diesen Beutel mit Gold — bringe der armen Familie ---

Rob. (küßt den Beutel) O Dank Euch, edelster Fürst! diese Gabe gibt 9 Menschen neues Leben --- o welche Wonne wartet auf euch --- wenn diese guten Menschen auf die Knie hinstürzen --- Eurer, als ihres Erretters, in ihrem Gebeth gedenken --- und so --- des Höchsten Segen auf Eure Krone herabflehen. (ab.)

Herz. Gesegnet sey jeder Höfling, der aus solch einem Grunde von seinem Fürsten geliebt wird. Gesegnet mit dem herzlichsten Volkssegen, der über die Wolken empor, und --- von keinem Fluche zurück gedonnert, zu des Allmächtigen Ohr dringt --- gesegnet und unvergeßlich sey --- wenn auch schon lange die zu früh gereifte Hülle schlummert --- jedem guten Fürsten, jedem guten Bürger sein ehrwürdiges Andenken. (ab.)

Achter Auftritt.
Zimmer der Gräfinn v. Thalen. Friderike. Syrius.

Frid. (fröhlich) Neue Hofnung belebet meine Seele --- durch die glückliche Umwandlung des armen Jägermädchens in des Herzogs Tochter keimt der Gedanke auf das neue, den Riesenschritt zu wagen, diesen holden Jüngling meinem liebekranken Herzen näher zu führen --- bist du hier, Syrius!

Syr. Ihr liesset mich rufen, gnädigste Grä=

finn! und nun bin ich hier, um Eure Befehle zu vernehmen ---

Frid. Seit langer Zeit wieder das erstemal, daß ich dich so nüchtern sehe ---

Syr. Wird nicht lange währen, schönste Huldgöttin! --- denn so, wie ich Euch verlasse, bin ich zu Ritter Wolfstein gerufen, um diesen Abend seinen neuangekommenen Cap=Wein zu versuchen ---

Frid. (herablassend) Nun! Syrius! bist du immer noch so ehrlich, wie vorhin, als ich mich über einen gewissen Gegenstand mit dir in ein Gespräch einlassen wollte ---

Syr. Gnädigste Gräfinn! die Launen der Menschen sind verschieden so wie ihre Gesichter --- den einen macht der Wein zum schwazhaftesten Plauderer, und mich macht dieser Göttertrank zum stummesten Fisch ---

Frid. Nun so danke ich dem Himmel, daß ich einmal eine Stunde fand, worinn die Kraft dieses Göttertrankes deine Sinne nicht benebelt; (ergreift seine Hand) o Syrius! du könntest dir große Verdienste bey mir sammeln --- ich wollte dich lohnen, so wie dich noch kein Weib lohnte --- die schmackhafteste Leckerbissen, der kostbareste Wein sollte deine Tafel umgeben ---

Syr. Gut --- recht gut --- aber was verlangt Ihr denn? holde Sterbliche! Seyd ihr verliebt --

Frid. O daß du so tief diese schwache Seite in meiner Seele lesen mußt?

Syr. Schwache Seite? (in rednerischer Positur) Liebe ist das süsseste Geschenk des Schöpfers --- als er den Menschen mit all seiner Stärke des Geistes und des Körpers gebildet hatte, fand er: daß er zwar groß, aber nicht glücklich seyn würde; da hauchte er seinem Wesen noch die Liebe ein, und jede bebende Nerve jauchzte ihm Dank ---

Frid. Und doch — bleibt Liebe — eine schwache Seite —

Syr. Nein — schönste Göttin! und stünd' auch ewiger Durst auf dem Gegensatze — noch mehr — ich beweise das Gegentheil durch das einleuchtende Beyspiel, das heißt, durch mich selbst —

Frid. Wie? du verliebt?

Syr. (seufzend.) O ja — schönste Gräfin! das kleinste Nervchen an mir ist Liebe —

Frid. Ey — ey — ey — das ist entsetzlich — und wer ist denn der glückliche Gegenstand —

Syr. (schmunzelnd) Die Welt lacht mich aus, wenn ich es sage —

Frid. Also vermuthlich in dich selbst?

Syr. (etwas bitter) Das sind wir alle — denn gegen Niemand sind wir nachsichtiger in Rücksicht auf Fehler und Thorheiten, als gegen uns selbst —

Frid. Nun — nun — werde nur nicht gleich wieder grob — sahest du heute auch schon des Herzogs Leibschützen — den braunen Robert?

Syr. Erst vorhin begegnete er mir auf der Gallerie — ich drückte seine Hand an mein Herz, und sagte: Freund! du bist Neuling auf einem

Meer, das ich schon viele Jahre trotz all seinen Klippen und Sandbänken glücklich durchschifft habe — frage mich, wenn du etwas nicht weißt, klage, wenn dich etwas drückt — stürmt es, so wirf deinen Anker in meinen Busen —

Frid. O Syrius! da wirst du einen Einfluß bekommen, um den dich die größten Männer an unserm Hofe beneiden werden (sich etwas zurückziehend) ich selbst werde mich vor dir beugen, so bald du der Freund des Lieblings unsers Herzogs bist — eines Mannes, der alle Herzen so unwiderstehlich an sich reißt.

Syr. Da habt ihr recht, edelste Frau! es ist ordentlich, als ob er hexen könnte —

Frid. (mit niedergeschlagenen Augen.) Ich selbst muß gestehen, daß mir einst dieser schöne Jäger nicht gleichgültig war. Es herrscht so eine gewisse, stille Größe in seinem Wesen, daß man sich nicht überreden kann, er sey zum dienen geboren — und — und — ich liebte — (fährt auf einmal auf) um Gotteswillen! was habe ich gesagt — (faßt heftig seine Hand) du hast doch nichts gehört — fordre einen Preis, welchen du willst — Syrius! du hast doch nichts gehört?

Syr. Was könnte ich nun da alles fordern — und habe doch im Grunde nichts gehört als Worte — denn hahaha --- euer Ernst kann es ja doch nicht seyn!

Frid. (zufrieden.) Du bist doch der kapitalste Kerl, den ich kenne --- verstehst mich auf den er-

sten Wink — und ich hoffe, du sollest mich noch
mehr verstehen lernen. (vertraulich) Höre—Syrius!
Robert hat doch schon die neue Prinzeßin ge=
sehen?

Syr. Ich denke—

Frid. Auch schon gesprochen?

Syr. Ohne Zweifel.

Frid. Du weißt doch, daß des Herzogs Toch=
ter einst die Geliebte deines Freundes war?

Syr. Das weiß ich.

Frid. Er wird wohl jetzt sehr unzufrieden über
die plözliche Veränderung ihres Standes seyn?

Syr. Das glaub ich nicht.

Frid. Aber seine Hofnung ist nun auf ein=
mal verschwunden — sie zu besitzen —

Syr. Wo ist der Sterbliche auf der Welt,
für den die Hofnung gänzlich verschwunden ist?

Frid. Aber eine Unmöglichkeit — wir leben
nicht mehr in der Feenwelt —

Neunter Auftritt
Vorige. Bedienter.

Bed. Der Leibschütze des Herzogs —

Frid. Wie—er selbst—zu mir—ha! welch'
ein glücklicher Augenblick lächelt mir entgegen—
verlaß mich Syrius! Robert kommt.—

Syr. Nun — und wenn auch — ich bleibe —

Frid. Ich muß aber mit ihm allein seyn —
das, was ich mit ihm zu reden habe, darf nur

er und ich — und ich und er wissen — verlaß mich!

Syr. Als wenn ich alle eure Geheimnisse nicht schon längst auskundschaftet hätte — dieser feurige Blick — das Klopfen eures Busens — die Unruhe — die sich auf eurer Stirn zeigt — das holde Lächeln — Syrius müßte kein Weiberkenner seyn, wenn er nicht wüßte, daß ihr verliebt wäret —

Frid. So geh doch — geh doch — du abscheulicher Mensch! (nimmt ihn am Arm.)

Syr. Nun ja — ja — ich gehe — wünsch euch eine glückliche Fahrt — gebt aber wohl acht, daß euer Schifchen nicht scheitert — ihr möchtet sonst naß werden — und das Wasser wascht euch die Schminke von den Wangen ab, und alle Menschen sehen, wie Liebe, diese mächtige Leidenschaft euch das Gesicht gebleicht hat. Lebt wohl. (ab.)

Zehnter Auftritt.
Fiderike. Robert.

Frid. Er kömmt — er kömmt! welch glücklicher Zufall ihn wohl hieher führen mag! (tiefe ängstliche Verbeugung.)

Rob. Gnädige Gräfin! ich bin abgesandt von dem Herzog, euch die Gewährung eures Wunsches zu benachrichtigen; die Familie Burgau ist gerettet — der Herzog schickt euch diesen Beutel mit Gold —

Frid. Dacht' ichs doch gleich, daß ich keinen bessern Fürsprecher wählen könnte, denn euch — und wie gehts euch bey Hofe, guter Robert? gefällt es euch hier besser als in Wildenthal? —

Rob. Wohin mich die Vorsehung bestimmt hat, da muß es mir wohl gehen —

Frid. (Kleine Pause.) Und — immer noch Schütze —

Rob. Immer noch Schütze! ich geitze nicht nach Ehrenstellen — das Vertrauen meines Fürsten ist mein Glück — je höher der Posten, den man begleitet, desto größer der Wirkungskreis, und je größer der Wirkungskreis, desto schwerer die Verantwortung —

Frid. Euch kann noch ein großes Glück bevor stehen, Robert! ihr seyd der Liebling des Herzogs —

Rob. Ich sonne mich auch in diesem Glück —

Frid. (Kl. Pause. Will in seine Arme, Robert weicht zurück.) O Robert! dachtest du auch noch der fröhlichen Tage, die ich einst mit dir in Wildenthal dahin brachte —

Rob. O wohl — es waren goldene Tage —

Frid. O Robert! man spricht so vieles von dir — das —

Rob. Was spricht der müssige Mensch nicht Alles —

Frid. Robert! als ich dir vorhin auf der großen Gallerie — neben dem fürstlichen Schlafzimmer begegnete — was suchtest du da? —

D

Rob. Ich — ich — ich suchte —

Frid. Besinne dich nicht so lange, Robert! nichts in der Welt thut mir weher, als eine Lüge. Nicht wahr — es that dir wehe, daß ich dich überraschte — läugne es nicht — nicht wahr, mein Schatten hat dich getäuscht — o Robert! auch mich täuschte einst ein Schatten —

Rob. Das gewöhnliche Schicksal der Menschen — man hascht — nach nichts —

Frid. Und doch ist dieses Nichts oft so süß; o Robert! was gäbe man nicht darum —

Rob. Das Leben — weiter hat ja der arme Mensch nichts — nichts, um es an die Erfüllungen seiner süßesten Wünsche zu sezen, und wenn er ein König wäre.

Frid. Desto schlimmer, denk' ich — je erhabener der Mensch über den allgemeinen Gang der Dinge zu seyn denkt; Robert! siehst du nicht, wie mich die Großen des Hofes umflattern, und wie glaubst du wohl, daß mir dabey zu Muthe ist —

Rob. Ich glaube, wie unserem Herrgott, wenn er das Abendlied der Natur hört.

Frid. Spötter! als ob ich Freude haben könnte, wenn mir Menschen nur darum huldigen, um sich an meiner Sonne zu wärmen; o es war eine Zeit — (nachlässig auf seine Tafel gelehnt.) hätt' ich sie nicht verschlafen — jezt wollt' ich über die Menschen mit heißer Liebe auf der Zunge — und Eiß in dem Herzen und Moder in den Gekeinen lachen — lachen wie über einen kalten Schneeflocken, der auf meinem warmen Busen zerschmilzt, den er zu erkalten drohte — damals, o damals — nicht wahr — Robert! es war schön —

Rob. Ohne Zweifel — denn Gräfin von Thalen spricht mit Wärme davon — aber von was, das weiß ich eigentlich nicht.

Frid. (schlägt sich lächelnd vor die Stirne.) So sind wir Kinder — (ihm die Hand reichend.) Vergib mir, ich wollte sagen — wars nicht schön auf meinem Lustschloß in Pyrmont —

Rob. (in Entzücken.) O was gabs da für Hirsche und Schweine —

Frid. Und was es dort in der schönen freyen Natur für glückliche Menschen gab — bald möcht' ich den Herzog bitten, mich wieder auf das Land ziehen zu lassen.

Rob. Und warum? ich dächte doch, man könnte in diesem eingeschlossenen Pallaste auch glücklich seyn?

Frid. Glaubst du das? aber der Vogel singt am schönsten auf dem Baume, wo er sein Nest hat —

Rob. Ich fühle, was Gräfin von Thalen sagen will; aber sie kann unmöglich hier einsam seyn, wenn sie am Hofe kein Interesse hat —

Frid. Interesse? Ja! wenn ich möchte ihre Puppe seyn, mit der sie spielen könnten, wie sie wollten; wenn ich meine Gefühle kneipen könnte, wie der Hofpoet seine Verse — aber — o des ewigen Zwangs in den Häusern der Vornehmen! dort — dort, wo die Natur in ihrer Reinheit ist — dort sprechen die Menschen mit einander, wie sie denken — dort liegt kein Gefühl an goldenen Ketten —

Rob. Zum Glück sind wir nicht mit diesen Ketten geboren worden —

Frid. Sondern können sie abwerfen — (Zufrieden und schlau.) Meinst du — lieber Robert — (stürzt in seine Arme.) o Robert!

Rob. (wie aus einem Traum erwachend) Gott! was hab' ich gesagt!

Eilfter Auftritt.

Vorige. Wolfstein. Nandchen.

Robert (in äuserster Verlegenheit.) Sie ists — sie selber —

Wolf. Verzeihen Euer Hoheit, daß ich euch — gerade so von ungefähr — zum Augenzeuge dieser Scene machen mußte —

Nand. (lacht.) Nun — Ich glaube gar, du denkst, ich bin böse, du närrischer Robert! weil du die Gräfin geküßt hast; küß du immer schöne Weiber, nur dein Nandchen behalt allein lieb — (Sie sehen alle einander erstaunt an.)

Frid. (mit tiefer Verbeugung.) Gnädigste Prinzessin!

Nand. Mach du dir nichts daraus — du bist ein schönes Weib — (küße sie.) und ich hab' es gern, wenn ein schönes Weib meinen Robert lieb hat — aber nicht wahr — er gefällt dir.

Rob. Nandchen! man hat schreckliche Anschläge mit uns vor — wäre ich schuldig, wie könnte ich dir so frey ins Auge blicken —

Nand. Komm du mit mir, lieber Robert! wir wollen in den Garten — dort sollst du mir Alles erzählen — nicht wahr, du hast mich nur allein lieb —

Rob. Und du kannst mir vergeben?

Nand. Du hast ja nichts böses gethan — komm — komm!

Rob. Und dieses Herz sollte ich kränken, diese sanfte Unschuld betrügen? o Männer! Männer! seyd sanft und gutherzig wie Nandchen — und ihr werdet euch schämen, solch ein Geschöpf durch Untreue zu kränken. (Ab.)

Zwölfter Auftritt.

Friderike von Thalen. Wolfstein.

(Sie wirft sich auf einen Stuhl, und trocknet sich eine Thräne.)

Wolf. Was hab' ich gethan? was hab' ich gehört — also auch dieser Plan gescheitert!

Frid. Ha! das ist schrecklich — mein Herz blutet — alle meine Glückseligkeit, die ich mir so schön in die Zukunft schuf — zernichtet — zernichtet durch diesen einzigen fürchterlichen Augenblick — Graf! (sieht auf, ergreift Wolfsteins Hand.) Was soll das werden? des Herzogs Tochter in ein heimliches Liebesverständniß verwickelt mit einem gemeinen Schützen — und niemand wagt es, dem Herzog diese Frevelthat zu entdecken — Niemand, der diese beyde unglückliche Glückliche warnen — vor ihrem nahen Untergang warnen wollte — ?

Wolfst. (schlau) Scheint mir doch, gnädige Gräfin! als wenn ihr an Roberts Schicksal besondern Antheil nehmet —

Frid. Antheil? — o Ritter! wenn ihr in mein verschlossenes Herz sehen könntet —

Wolfst. Ihr wisset, Gräfin! zu welchem Ende ich euch eine Bekanntschaft mit dem Leibschützen vorschlug — ihr werdet doch nicht im Ernst —

Frid. Ja — Graf! ich liebe ihn, liebte diesen Robert schon lange — die Herzogin machte mir Hoffnung, ihn durch ihre Fürsprache bey ihrem Gemahl meines Standes gleich zu machen, ihn zu Ehrenstellen zu befördern —

Wolf. (betroffen.) Was höre ich —

Frid. O ich liebe ihn — so wurde noch kein Mann geliebt — und Robert — (mit Thränen.) Verschmäht meine Liebe —

Wolf. (beif.) Ha! jetzt muß ich die Laute anders stimmen! (laut.) Was? soll die Gattin meines verstorbenen Freundes umsonst Liebe gebettelt haben? Gräfin! schon sind 5 Jahre verflossen, daß euer Gemahl, Graf von Thalen, gestorben, und ihr wolltet euch einem hergelaufenen Bettler in die Arme werfen?

Frid. (ernst.) Ritter! ich verlange Ehrfurcht, die ihr der Gesellschaftsdame eurer Herzogin schuldig seyd — ich liebe Robert — nur in ihm finde ich für meinen Sohn einen Vater, nur in ihm einen Gatten, den ich wie meinen ersten Gemahl lieben kann —

Wolf. Und doch verschmäht er eure Liebe — doch hängt euer Herz an dem Undankbaren — überlasset mir seine Strafe — Rache, glühende Rache schwöre ich ihm —

Frid. Um Gotteswillen! was beginnet ihr?

Wolf. Herab fallen muß er von seiner steilen Höhe, die ihn so stolz macht —

Frid. Gott! was hör' ich —

Wolf. Zurück gestoßen in sein voriges Nichts — Gräfin! ehe 24 Stunden vergehen, wird er ausgeführt seyn der schreckliche Plan, der ihm seinen Untergang bereiten soll.

Frid. Gott! was hab' ich gethan! Jetzt erst durchschaue ich mit einem einzigen Blick die ganze fürchterliche Gefahr, worin sich der Unglückliche befindet — (entschlossen.) doch — ich bin noch nicht ganz verlassen; dieß bewirke der jetzt entscheidende Augenblick — (Wolfstein an der Hand ergreifend.) Ihr habt Recht, Graf! Rache ist süß;

Rache, fürchterliche Rache brütet mein Herz —
(trocknet sich das Auge.)

Wolf. Also sind eure Thränen nichts anders, als Thränen der Rache — o wenn dieses ist, so kehre ich im süssesten Triumpf zurück zu Roberts Feinden — und dann heißt es — Alles gewonnen, oder Alles verloren. (ab.)

Frid. (sieht ihm nach.) Ha! wartet! euer Plan soll vereitelt werden; o wie glücklich, daß ich diesen Teufel überlistet habe. Ha! wie mein Herz schlägt bey dem Gedanken, ihn zu verlieren, den ich wie meine Seele liebe. Aber — stürzt er sich nicht selber in sein Verderben — er — des Herzogs Tochter — wird er nicht herab schwindeln von der furchtbaren Höhe, die er umsonst zu erklimmen sucht — O ich muß ihn aufsuchen, ihn warnen vor dem nahen Fall, der ihm bevor steht — um von ihm — wenn nicht Gegenliebe — doch Hochachtung zu erflehen. (ab.)

Dreyzehnter Auftritt.

(Herzoglicher Garten mit einer Fontaine. Nandchen daher schlendernd.)

Nand. Ha, ha, ha! es sind doch hier kuriose Menschen — wie sie sich beschnifeln und beschnofeln. — nicht anders, als wenn auf unsern Hühnerhof einmahl eine fremde Henne kommt — da machen die andern lange, lange Hälse —

kafern unter einander — gehen umher mit wei=
ten gravitätischen Schritten, beschauen mit weit
aufgerissenen Augen das Wunderthier, als wär'
es gerade aus dem Monde herunter gekommen —
(Syrius taumelt einher, hat eine Flasche Wein.) und am
Ende — was wars — eine fremde Henne —
(Er taumelt an Nandchen hin.)

Nand. (erschrickt, schreit.) O weh! — was machst
denn du hier, du närrischer Hofpoet!

Syr. (mit behaglichem Lachen.) Durchlauchtigste
Prinzeß! das war eine licentia poëtica —
auf deutsch, ein dummer Streich! Haltet mirs
zu höchsten Gnaden, gnädigste Prinzeß! aber
ich bin hier ein bischen — (auf seine Stirne deutend.)

Nand. (mitleidig, ihm die Hand auf die Achsel legend.)
Armer Mensch! bist schon wieder besoffen —

Syr. Feliciter!

Nand. O pfui — Syrius! ich bin dir so
herzlich gut — du bist zwar ein häßlicher Mensch
— und doch hab ich dich lieb — aber ich bitt
dich ums Himmelswillen! Betrink dich nur nicht
immer — man spricht ja weit und breit davon—

Syr. (in rednerischer Stellung.) Durchlauchtigste
Prinzeß! man spricht wohl von meinem Trinken,
aber nicht von meinem Durst —

Nand. Aber kannst du dirs denn gar nicht
abgewöhnen — das infame Saufen —

Syr. (wie zuvor.) Durchlauchtigste Prinzeß!
wenn das Mädchen nicht mehr lieben wird, dann
wird Syrius nicht mehr trinken.

Nand. O weh! dann ist keine Hoffnung zur Besserung vorhanden. Sag du mir doch, du närrischer Mensch! hast du den Robert nicht gesehen?

Syr. Ihn gesehen? O wo man nur hinsieht, da sieht man ihn — (umschließt sie mit dem einen Arm, und zeigt mit dem andern gegen den Himmel.) da! stellet euch vor, als ob dieser helle blaue Himmel gesternt wäre, und dort stiege der Mond herauf —

Nand. (den Himmel starr ansehend.) Ich sehe nichts —

Syr. Das thut nichts — so wie nun der Mond über alle Gestirne wegglänzt, so strahlt auch Robert unter Allen hervor — Habt ihrs nun weg, durchlauchtigste Prinzessin!

Nand. Hör — du poetische Seele! ich verstehe dich nicht —

Syr. (in Feuer.) O du! wenn ichs erlebe, daß du hervor gehst aus deiner Nacht — ein Morgenstern über das Land — wenn sie denn wissen, die Knaben, vor wem sie zittern — wenn sie wissen, die Edlen! wen sie lieben, wie ich es weiß — o der besoffene Hofpoet lacht herzlich über euch, daß er mehr weiß, als ihr Alle —

Nand. Aber ich bitte dich, was sprichst du denn da für albernes Zeug —

Syr. (in Entzücken.) O daß ich sprechen dürfte, daß du mich verstündest, göttliche Seele!

(streicht ihr mit der flachen Hand über die Stirne.) das all wär auf einmahl hier weg, wie Nebel vor dem Sonnenstrale —

Nand. Bitte — bitte — lieber Mensch! sprich deutlicher — und ordentlich, wie andere ordentliche Menschen, daß man dich versteht — *(ihm die Backe streichelnd.)* Ich will dir auch recht gut seyn —

Syr. Eine Verheißung, die den Satan in den Himmel loken könnte —

Nand. Sag mir doch, lieber Hofpoet! ich will dir auch — *(schaudert zurück.)* Ha! obgleich 30jährige Weinhefen in deinem ewig triefenden Schnauzbarte modert — ich will dir auch einen Kuß geben —

Syr. *(sie mit einem ehrlichen Schafsgesicht anstierend)* Einen Kuß? nun beym Zevs! wer jetzt noch ein ehrlicher Mann bleiben will, der muß von Stahl und Eisen seyn. *(Rüttelt sich an der Brust.)* He! guter Freund! wie siehts hier aus? *(schüttelt den Kopf.)* Verdammt viel feuriges Blut! aber just noch so viel Eisen, daß es gegen diesen Kuß aushält. Gebt euern Kuß, durchlauchtigste Prinzeß! einem Buben, der euch eine schöne Lüge sagt, ich will mit meiner Wahrheit ein ehrlicher Mann bleiben — *(Ist indessen immer rücklings gegangen)* und mich in meinem Capwein da — mit der Seligkeit der Götter vereinigen — *(fällt in den Sumpf.)* O weh!

Nand. Geschieht dir schon recht, du besoffener Mensch! du hast dir doch nicht wehe gethan —

Syr. Ich liege so sanft, wie in einem Pflaumenbett —

Nand. Wart — ich will Leute holen, die dich aus deinem Pflaumenbett heraus bringen sollen — (Eilt ab.)

Vierzehnter Auftritt.

(Syrius liegt im Sumpf, trinkt aus seiner Flasche, dazu Robert)

Syr. Sie ist da! — sie ist da! — Streck aus deinen nervichten Arm, Glücklicher! und drücke sie an dein Herz — Vernehme meine Stimme, sie kommt aus dem Sumpf, mit Schilf und Binsen bedeckt — nur für mich und den bulerischen Frosch ein willkommener Aufenthalt —

Rob. Was höre ich — die Stimme ist mir so bekannt — (sieht sich um.) Ein Verliebter oder ein Betrunkener —

Syr. Sie ist da — funkeln sah' ich ihr Auge, wie den Stern der Liebe — es sucht nur dich — Eile — Glücklicher! in ihren Arm — zu trinken Nektar in ihrem Feuerkuß.

Rob. Wer bist du?

Syr. (declamatorisch.) Ich — der ich Alles bin,

was man unter diesem Monde seyn kann — nur kein Schandbube.

Rob. Steig auf, wo du auch verborgen liegst, wie die ewig dunkle Zukunft — steig auf —

Syr. Aufsteigen, Lieber! das kann ich nicht — Ein Geist hält mich gefesselt — (er hebt die Flasche hervor) sein süsser Nahme heißt — Wein.

Rob. Aha! jetzt kenne ich dich — (gebt dahin.) der arme Hofpoet! aber wie zum Henker! bist du denn in diese kritische Lage gekommen —

Syr. Ein Poet muß alle Lagen unter dem Monde versuchen — in der, worin er sich am Besten befindet, sucht er zu bleiben —

Rob. Aber — du kannst dich doch unmöglich wohl in dieser Lage befinden —

Syr. (äußerst zufrieden) Ich neide keinen Fürsten und keinen König. O! wie mancher gäb sein halbes Königreich darum, wenn er sich in seinem seidenen Bette so wohl befände, als ich mich hier befinde.

Robert. Aber wie bist du denn auf einmahl so aus deinem Gleichgewicht gekommen —

Syr. Je nun! der alte dumme Fuhrmann hat nun einmahl ein bissel schief geladen — war da bey Ritter Wolfstein — ha — ha — ha — nichts mehr als 2 Flaschen rothen Capwein — und hinter her diesen weißen — (zeige die Flasche.) das war der ganze Fehler — denn nun hatte der weiße das Übergewicht, und warf den rothen übern Haufen — (singt.)

Du Labetrank!
Du Göttertrank!
Sey bis ins Grab
Mein Wanderstab! (trinkt.)

Robert. Wenn dich aber dieser Wanderstab nicht besser unterstützt, so kannst du einmahl ersaufen —

Syr. Hast du je in deinem Leben gehört, daß ein Poet im Wasser ersoffen ist — Nein — guter Freund! so entehren die Götter ihre Lieblinge nicht —

Robert (steigt hinab.) Ich will dir einstweilen Alles glauben — aber thue mir nur den Gefallen, und laß dich aus dieser verzweifelten Lage heraus bringen — (faßt ihn unter den Arm, und sucht ihn aufzurichten.) Komm — komm!

Syr. Das hilft nun Alles nichts — eher wirst du den Elephanten tanzen lernen, als mich jetzt aufrecht auf den Füßen zu erhalten. Kannst du mir nicht eine neue Flasche Capwein schaffen, um das aequilibrium in dem obern Stockwerk wieder herzustellen — so gib dir nur mit dem untern gar keine Mühe weiter —

Rob. Aber so kannst du doch bey meiner Seele nicht liegen bleiben — es beginnt schon Abend zu werden —

Syr. Daß ihr Menschen euch doch so gern um andere bekümmert, und um euch selbst so

und das blonde Nandchen.   63

sorglos seyd — Glaub mir, Schütze! meine Lage ist ungleich sicherer als die deinige, und wenn du dem Herzog in den Armen lägest —

Fünfzehnter Auftritt.

Vorige. Nandchen mit Gärtnern.

Nand. Du hier, lieber Robert! warum ziehst du denn den armen Menschen nicht aus den Sumpf? ihr Leute! packet an —

(Sie steigen hinab.)

Syr. So lasset mich doch hier liegen — ich liege ja so gut, wie in meinem Bett. —

1. **Gärtner.** Ist ja nichts neues — gnädigste Prinzeß! der Hofpoet ist halt wieder besoffen —

Rob. Verwahret ihn gut, ihr Leute — und bringet ihn nach Haus — daß ihm aber kein Unheil begegnet — komm — englisches Mädchen!

(Robert und Nandchen ab.)

2. **Gärtner.** Nun — wie ists — wollt ihr nach Haus, oder nicht?

Syr. (deklamatorisch.) Procul este Profani — ich bleibe hier —

1. **Gärtner.** Pack an — Kammerad! (Sie packen ihn etwas unsanft an.)

Syr. So macht nur wenigstens, daß ich das Überbleibsel meines Capweins nicht ausschütte — (Willkürliches Spiel. Sie tragen ihn ab — er trinkt unter dem Abtragen seinen Capwein aus.)

(Der Vorhang fällt.)

Dritter Aufzug.

Erster Auftritt.

Nandchen, hernach Robert.

(Hofzimmer.)

Nand. Nein! da werd' ich es nicht lange mehr aushalten können — ist es doch nicht anders, als wenn sie mir mit diesen Kleidern Kummer und Unruh auch mit angezogen hätten — (Sie weint.) O die bösen Menschen! jetzt will ich auch gleich zu meiner lieben Fürstin, und ihr Alles haarklein erzählen — den armen Robert so zu plagen und zu martern —

Robert. Wie — Nandchen weint —

Nand. (erschrickt.) Verwegener Mensch! was willst du hier — weist du, daß dieses Vorzimmer in das Schlafgemach der Herzogin führt

und das blonde Nandchen.

— wer hat dir den Weeg hierher gewiesen, Robert!

Robert. Mein Schutzgeist — denn das ist er für mich — Ritter Tollstirn —

Nand. Aber — wo suchest du mich auf?

Rob. Im Himmel oder in der Hölle — mir alles gleich — aber ein Engel hat mir ja zu dir den Weg gewiesen, also kann es doch unmöglich die Hölle seyn. (umfaßt sie.) Nandchen!

Nand. Und das ist Alles, was du mir zu sagen hast — nicht einmal **dein** Nandchen.

Rob. O ich möchte die Welt umschlungen halten wie das Meer — die Welt fahren lassen in ihr ewiges Chaos, und dich dafür in meinen Arm schließen, dann wärs **etwas** zu sagen **Mein** — jetzt ist der arme Robert froh, wenn er **dein** ist —

Nand. Was du nun da wieder für albernes Zeug sprichst, das ich nicht verstehe — just wie der närrische Syrius — Jener ist freylich ein Poet — aber du bist doch ein vernünftiger Mensch — o pfui! solltest dich schämen, deinem Nandchen solch ungereimtes Zeug vorzusagen, wovon es nicht eine Sylbe versteht.

Rob. Holdes Mädchen! du kennst nur eine Sprache, die Sprache der Liebe — (umarmt sie.) Verstehst du mich so?

Nand. Sieh — du garstiger Robert! warum sprichst du denn nicht immer diese Sprache mit mir?

Rob. Und Robert spricht sie so gern mit Nandchen, daß er sie immer mit ihr sprechen möchte, wenn es nur böse Menschen nicht höreten, denen sie fatal ist —

Nand. Nun das müssen aber auch seltsame Menschen seyn, denen diese Sprache fatal ist; gute Herzen können sie unmöglich haben, denn mir ist allemahl so wohl dabey — und — Nandchen hat ja ein gut Herz —

Robert. Jenen Menschen ist diese Sprache nur deßwegen unausstehlich, weil w i r sie mit einander sprechen —

Nand. Die närrischen Menschen! wenn wir sie nun aber gerade nicht mit ihnen, sondern nur mit einander sprechen wollen, was geht das sie an? und was bekümmern wir uns um jene närrische Menschen — (ihm an den Hals.) Wir sprechen sie doch —

Rob. Aber hier nicht, Nandchen — es ist das Vorgemach von der Herzogin Schlafzimmer —

Nand. Gut — daß du mich daran erinnerst — komm — so wollen wir fort — in den Garten — (will ihn fortziehen.)

Robert. Unmöglich — ich habe die Aufwartung bey dem Herzog — du wolltest ja zur Herzogin — Nandchen?

Nand. Sieh — wie du mich so vergeßlich machst — ja — ich will zur Herzogin — sie liebt mich wie meine Mutter — ich will ihr sagen, daß ich dich lieb habe — und will ihr sagen, daß — wenn dich die bösen Menschen nicht ungeschoren lassen — ich mit dir auf und davon gehe nach Wildenbach — ja — ja — das will ich —

Rob. Um Gotteswillen, was beginnst du —

Nand. Das verstehst du nicht — Robert! ein Weib kann schon dem andern etwas ins Ohr sagen, was die Männer nicht hören dürfen — diesen Kuß noch — (küßt ihn.) und jetzt — in die Arme meiner Mutter. (Springt ab — er will sie abhalten.)

Rob. Nandchen! — Sie ist weg — Gott! wohin wird es noch mit mir kommen — Alles um mich her ist mir ein Räthsel — ist es doch mein ganzes Daseyn — warum nicht auch mein Leben — Robert! Robert! der Anfang deiner Laufbahn war mit Ehre gekrönt — und das Ende — ? der ehrliche Mann fürchtet sich nie vor dem Ende seiner Laufbahn. (ab.)

Zweyter Auftritt.

Die Herzogin mit Friderike von Thalen aus dem Seitengemach.

Herzogin. Verlasset euch auf mich, edle Gräfin! meine Freundschaft sey euch Bürge, daß ich all mein Ansehen bey Hof anwenden werde, die verrätherischen Plane wider Robert zu unterdrücken.

Frid. (küßt ihr die Hand.) O gnädigste Fürstin!

Herz. Ich bedaure den guten Jüngling — wir müssen Vorkehrungen treffen — Roberts nähern Umgang mit der Prinzeſſin vor dem Herzog auf das ſtrengſte geheim zu halten —

Frid. O wie ſehr habe ich Urſache zu glauben, daß der Herzog, euer Gemahl, bereits ſchon von Allem unterrichtet iſt — Robert iſt mit mächtigen Feinden umgeben — fürchterliche Plane werden geſchmiedet, ihn von der Höhe herab zu ſtürzen, die er ſo ſchuldlos — bis zum Liebling des Herzogs erſtiegen hat —

Herz. Und eben — die Gnade meines Gemahls ſey ihm ein eiſerner Schild wider ſeine Feinde — er iſt geliebt von ſo vielen Edlen — alles dreht ſich wie im Kreiſe um ihn herum, um ihm den ungetheilten Beyfall zu zollen — und dieſer edle Mann — der Gatte meiner Freundin — (drückt ihr die Hand) Vertrauet auf mich, er ſoll es werden —

Frid. (küßt ihr die Hand.) Ewige Vorſehung! dir dank' ich für dieſe fürſtliche Freundin — was kann mir noch zu meinem Glücke mangeln, da ich — geleitet durch dieſe Schutzgöttin — mein Leben dahin wandeln darf. (ab.)

Dritter Auftritt.

Der Herzog. Ritter Wolfstein aus dem andern Cabinet.

Herz. (verstellend.) Ich erstaune über eure Nachricht — Ritter! wie sich auch ein gemeiner Mensch so weit vergessen kann! — er — ein gemeiner Schütze — des Herzogs Tochter zu lieben —

Wolfst. Gnädigster Herzog! meiner Meinung nach sollte diese Frevelthat auf das schärfeste geahndet werden —

Herz. Ja — ja! da habt ihr Recht — Ritter! sie soll auch auf das schärfeste geahndet werden — Vielleicht könnt ihr euch aber geirret haben, lieber Ritter! vielleicht sahet ihr sie beyde nur in der Ferne — Friderike von Thalen liebt meinen Schützen auf das zärtlichste —

Wolfst. Eben diese Gräfin war dabey, als die Prinzeß Robert umarmte —

Herz. (mit aufsteigender Wuth.) Umarmte — sagt ihr?

Wolf Ihm heiße, ewige Liebe versprach —

Herz. Die Prinzessin ist ein Kind — weiß nicht, was sie spricht — und Robert —

Wolf. Versicherte ihr in meiner und der Gräfin Gegenwart unverbrüchliche Liebe —

Herz. Der Prinzessin — ewige, unverbrüchliche Liebe — (verstellend. Für sich) Nein! so kann das nicht bleiben —

Wolf. (für sich.) So hab' ich ihn gerne, diese Laune unterstützt meinen Plan —

Herz. Ritter! ich habe Vertrauen auf euch — suchet Alles auszukundschaften, was der Schütze unternimmt — (beiſ.) Ich bin begierig, zu sehen, wie weit sie es treiben.

Wolf. Ich befolge euern Befehl —

Herzog. Eure Nachricht hat mich ganz unruhig gemacht — ich empfehle euch meine Ehre — und die Ehre meiner fürstlichen Familie (ab.)

Vierter Auftritt.

Vorzimmer des Herzogs. Robert schläft auf einem Lehnsessel — auf seinem Schooß schläft Friderikens Sohn. Die Herzogin mit Friderike von Thalen.

Herz. So eben erhielt mein Gemahl die Nachricht, daß Fürst Raimund von Hellingen, des Herzogs Jugendfreund — heute Abend an unserm Hof eintreffen wird —

Frid. O wie freue ich mich, ihn wieder zu sehen, diesen liebenswürdigen Fürsten — (wendet sich um, erblickt Robert) Euer Durchlaucht — hier meinen Sohn in Roberts Armen — wie er sein Händchen fest um seinen Hals umschlungen hält — wie sie beyde so ruhig schlafen, als ob sie kein besseres Lager unter der Sonne zu dieser Ruhe finden könnten —

Herz. (drückt Friderifen die Hand.) Friderike! es ist ein schöner Junge — dein Robert — keiner am Hofe, der werth wäre, wie er — dieses Knabens Vater zu seyn —

Frid. (Sie schleicht näher.) Wie stürmisch mir das Herz pocht — Einen Kuß meinem Sohn — (Sie beugt sich zitternd herab. Ein Geräusch einer entfernten Thüre — sie will entfliehen.)

Herz. Warum fliehst du — Friderike!

Frid. Daß ich auch so heftig erschrack — ich befinde mich ja bey euch, (mit einem seelenvollen Blick auf die beyden Schläfer.) O Herzogin! mein Sohn in den Armen dieses Mannes — wie sanft sie schlafen — — fürstliche Freundin! ihr liebet euern Gemahl heiß und treu — er verdient eure Liebe — aber ihr habt keine Kinder — und wornach sehnt sich ein gutes gefühlvolles Weib — auch eine gefühlvolle Fürstin — glühender als nach Kindern —

Herz. (trocknet sich eine Thräne.) O das liebe schlafende Kind! mit der himmlischen Unschuld auf seinem Gesicht — (Sie küßt den Knaben, er bewegt sich, Robert drückt ihn fester an sein Herz.)

Frid. O Herzogin! zärtlicher und sorgsamer kann nach meiner Empfindung kein Vater meinen Sohn an sein Herz drücken, als Robert —

Herz. (lächelnd) Nun so gib auch dem großen Schläfer einen Kuß für die Sorgfalt, mit der er dein Kind auch im Schlafe bewacht —

Frid. Herzogin! wenn er erwachte —

Herz. So will ich deinen Sohn wecken —
(Sie küßt das Kind. Wolfstein tritt ein.)

Fünfter Auftritt.

Vorige. Wolfstein. Beyde sind erwacht.

Wolfst. Gnädigste Herzogin! ich bitte um Verzeihung —

Herz. (mit Unschuld und Würde.) Und warum?

Wolf. Wenn ich Euer Durchlaucht etwa im ungelegensten Augenblick überraschte — aber der Herzog hat mich beschieden —

Herz. So gehet — Hier geht der Weg zu des Herzogs Zimmer —

Wolf. (mit Hohnlächeln ab.) Was ich gesehen habe, das übersteigt meine Erwartung. (Ab.)

Rob. Verzeiht mir, gnädigste Herzogin! daß ich mich schlafend finden ließe —

Herz. Es thut mir auch sehr leid, daß ihr eures süssen Schlafes beraubt wurdet — (leise.) Friderike! ich lasse dich allein — suche seine Gesinnung auszuspähen, für das übrige laß deine Fürstin sorgen. (Ab.)

Sechster Auftritt.

Robert. Friderike. Georg.

Rob. Vergebt mir, edle Gräfin! aber ich bin ein Kinderfreund — ich halte mich so gerne an diese kleinen Geschöpfe, wenn sich so ihre keimenden Gedanken entwickeln — und ihre Seele — der Abdruck der reinen Natur sich zu jedem Guten entfalten sehe.

Frid. O Robert! dieser Knabe ist mein Glück, mein höchster Reichthum — ich lasse ihn nie gern lange aus meinen Augen — aber, wenn ich weiß, daß er bey euch ist, so bin ich ruhig. Sagt mir doch, wie kommt es, daß ich dann so ruhig bin, wenn ich mein einziges Glück in euren Händen weiß.

Rob. Weil ich so glücklich bin, von euch für einen ehrlichen Mann gehalten zu werden —

Frid. (mit einem raschen Händedruck.) O — und für noch mehr — Robert! (Ihm um den Hals fallend.) welche süsse Empfindung durchbebte mich, da ich dich — hier — mit meinem Sohne erblickte — der kleine Georg klettert zwischen beyde hinauf, umschlinge die Nacken beyder fest an einander — Mutter! wenn Robert mein Vater wäre —

Robert (mit einem schweren Athemzug, verbirgt sein glühendes Gesicht ins Tuch, und sagt,) Friderike! edelstes Weib unter der Sonne! so darf es nicht kommen —

Frid. (mit Thränen) Armes Kind! er will dein Vater nicht seyn —

Rob. Kanns nicht seyn, wenn er ein ehrlicher Mann bleiben will.

Frid. (nach einem schrecklichen Kampf.) Es sey! —

Robert! unsere Herzen haben einander wehe gethan — sie mögen einander vergeben.

Rob. Edles Weib! ich bewundere die Festigkeit deines Charakters — unmöglich kann ich in diesem Blick deine schöne Seele verkennen —

Frid. Robert! Ich liebte dich, wähnte dich, aus deiner niedern Lage heraus zu reissen, und dich zu einer Stufe zu führen, die meiner Geburt angemessen ist — Ältere Leidenschaft, die dich aber deinem sicheren Falle näher bringen muß, fordert ihre Rechte — o Robert! schreckliche Feinde lauern auf dein Verderben —

Rob. Gräfin!

Frid. Nur noch zwey Worte — nimm sie wohl zu Herzen — sie können dich glücklich oder unglücklich machen —

Rob. O Worte — aus dem Munde eines so edlen Weibes — wie können diese anders als glücklich machen —

Frid. Robert! du wirst unter deinen Feinden eine neue — für dich äußerst gefährliche Feindin entdecken —

Rob. Eine Feindin — und die —

Frid. Bin ich — Friderike von Thalen — wäre ich es nicht vor den Augen der Welt — so ist dein Fall gewiß — traue auf meine Freundschaft — diese will ich wenigstens zu verdienen suchen, wenn ich auch nicht Liebe von dir erbetteln kann. (ab.)

Rob. Ich verstehe dich, himmlisches Weib!

so dunkel auch deine Rede ist; o wie segne ich das Weibergeschlecht, in welchem trotz all dem bösen, was die Welt hinein gelegt hat — doch immer so viele natürliche Güte von der Natur liegt. (Ab.)

Siebenter Auftritt.

Der Herzog äußerst unruhig. **Wolfstein.**

Herz. Ritter! ich bitt' euch um Gotteswillen! haltet ein — ihr raubet eurem Herzog durch diesen einzigen unseligen Augenblick — alles, was ihm theuer und werth war, seine Seelenruhe — O — daß ich es auch dahin mußte kommen lassen —

Wolfst. Aber die Frechheit eures Lieblings —

Herz. O daß er nicht mehr wäre, als des Herzogs Liebling — sie küßte ihn, sagtet ihr, Ritter!

Wolfst. Ich überraschte sie beyde — ganz von ungefähr — als sich eben ihr Mund dem seinigen näherte, um ihn im süßesten Taumel der Leidenschaft vom Schlafe zu erwecken —

Herz. Wenn es so wäre, wenn es so wäre! — die Herzogin in der vollen Blüthe ihrer Jahre — sie — die mich so innig liebte — in einen heimlichen Umgang verwickelt mit ihm — mit ihm, dessen Daseyn ich bis dahin in so redlicher Absicht in ein mistisches Dunkel hüllte — Ritter! ihr habt mir die Augen schrecklich ge=

öffnet — holt mir Tollſtirn herbey — und gebt Befehl, meine Gemahlin auf das ſtrengſte zu bewachen.

Wolfſt. Und den Schützen —

Herz. (barſch.) Nehmet gefangen — bis zur Unterſuchung der Sache — Bin ich betrogen — ha! ſo ſoll meine Rache ſchrecklich ſeyn — eben recht, daß ihr kommt — (Wolfſtein ab.)

Achter Auftritt.

Herzog. Tollſtirn.

Herz. Tollſtirn! Tollſtirn! was haben wir gemacht — alle unſere Plane, die wir mit Robert ſo ſchön ausdachten, ſind geſcheitert — der Undankbare! er wagt es —

Tollſt. Nandchen zu lieben?

Herz. Meine Gemahlin zu verführen —

Tollſt. (bebt zurück.) Unmöglich! Gnädigſter Herr! unmöglich! das kann Robert nicht thun.

Herz. Und wenn er es doch gethan hätte —

Tollſt. Dann verdient er nicht, den Mann zum Vater zu haben, dem er ſein Daſeyn danken muß — Laſſet uns die Sache näher unterſuchen, gnädigſter Herr!

Herz. O wie gerne, wenn ich ihm vergeben könnte — iſt er aber der Verbrecher — o dann verſtumme auf ewig, Vatergefühl! und laß nur den Herzog richten. (Beyde ab.)

Neunter Auftritt.

Hofzimmer. Syrius. Ein Bedienter.

Bed. (putzt das Jagd-Coller des Ritters Wolfstein aus) Alles mit Staub überzogen — blutend von gefälltem Wild — und durchschwitzt durch den heißen Tag im Gewühle der Jagd. —

Syr. Du bist fleißig, Knappe! wie ich sehe —

Bed. Ja — an dem Jagdkleide meines Ritters —

Syr. Ach — guter Junge! könntest du alle die Flecken ausklopfen, die seinen Balg bedecken — traun — du verdientest einen Jahrgehalt bis an deinen Tod von dem ganzen Lande —

Bed. Da seht — Blutflecken an dem Kleid — von einem wilden Thier —

Syr. Wären es Flecken von denen Menschen, die er schon an ihrer Ehre mordete, wahrlich — das Kleid müßte so gefleckt seyn, wie die Haut eines Tygers —

Bed. Wie ich merke, kennet ihr meinen Herrn sehr genau —

Syr. Und das gewiß nicht von seiner unrechten Seite —

Bed. Ihr seyd nit sein Freund?

Syr. Entehre das göttliche Wort nicht — Junge! das seinen gegen hohen Werth verliert — wenn man seinen Begriff mit dem Nahmen Wolfstein verbindet. (Man hört den Ritter.)

Bed. Gehabt euch wohl, Herr Syrius! ich höre meinen Herrn — (Ab.)

Zehnter Auftritt.

Syrius. Wolfstein. Eichenhorst.

Syr. Nun wieder — meine Maske herfür geholt — vielleicht erfahre ich als besoffener Hofpoet mehr, als selbst der Herzog wissen soll. (Er legt sich im Hintergrund an die Wand, und stellt sich, als wenn er fest schliefe.)

Wolf. (Beyde treten ein in tiefster Vertraulichkeit.) Sagt ich nicht, daß es so kommen muß — die Herzogin hat Wache vor ihrem Gemach — eben sie war es, die den Schützen immer in ihre höchste Protection nahm —

Eich. Und Robert —

Wolf. Den laß ich so eben auffuchen, um ihn gefangen zu nehmen —

Eich. Daß euch aber auch der Teufel gerade zu dem fatalen Kuß führen mußte, ihr berichtet mir aber in diesem Brief, daß die Herzogin unschuldig wäre — (Er zeigt den Brief.)

Wolf. Ist auch — ist auch — unschuldig — ha ha ha — der Kuß war dem Kinde bestimmt — aber was macht das zur Sache — wenn wir nur den verdammten Schützen aus dem Wege bringen —

Syr. (fällt um — Eichenhorst läßt den Brief vor Schrecken fallen.)

Eich. Ritter! wir sind nicht allein.—

Wolf. Gerade — als wenn wir allein wären — es ist der besoffene Hofpoet — den ganzen lieben Tag seiner Sinne so unkundig wie ein Hamster —.

Eich. (rüttelt ihn.) Syrius! Syrius!

Syr. (deklamatorisch.) Verlaß mich, du Unhold in Freundesgestalt! der du mit deinem rosichten Fittigen mir Gift in meine Seele fächelst, und dessen tödtender Hauch den reinen Athem der Schöpfung verpestet —

Wolf. Hörst du — daß wir allein sind — der Kerl ist so besoffen, daß er sich mit seinen Gedanken in ein ewiges Chaos von Unsinn verwirrt.

Eich. (sucht ihn aufzuheben.) So steh doch auf — Syrius! du hörtest doch nichts von dem, was wir gesprochen haben —

Syr. Schwarz ist das Dunkel der Nacht — dort wandeln Gewitterwolken vorüber, und bergen mit schauerlicher Hülle den blassen Mond — (lacht.) ha ha ha — wie sie an ihm vorüber spazieren — ohne ihm etwas von seinem Glanze nehmen zu können — Ich — ich — (fällt wieder um, wälzt sich hervor, so daß sein Körper den Platz bedeckt, worauf der Brief liegt. Er holt den Brief hervor.)

Wolf. Lassen wir den Kerl seinen Unsinn fortpredigen — kommt Ritter!

Eich. Helfen wir ihm nur vorher auf die Beine, dem armen Teufel — (Sie helfen ihm auf, er verbirgt den Brief.)

Syr. (taumelt.) Mit ewiger Blindheit sind sie gestraft — die Günstlinge des Glücks — aber ewiger Veränderung ist sie unterworfen ihre Schutzgöttin.

Wolfst. Fort — fort — mit deinem Unsinn —

Syr. Deßwegen werden sie auch fallen ihre Anbeter, und in ihr voriges Nichts verwandelt werden die Anhänger dieser buhlerischen Metze —
(Sie werfen ihn zur Thüre hinaus.)

Eilfter Auftritt.

Nandchens Zimmer. Am Fenster steht Nand= chen. Nandchen. Robert.

Nand. Er kommt nicht! er kommt nicht! und doch wünschte ich jetzt so sehnlich, mit meinem Robert zu sprechen — Wie da Alles hin und herläuft — eines blickt dem andern so trau= rig unter die Augen — Nandchen möchte mit Je= dermann gerne so freundlich thun, und Alles läuft ihr aus dem Wege — selbst der alte Toll= stirn ist nicht mehr so gut gegen mich wie son= sten.

Rob. Bist du hier, Nandchen! ganz allein —

Nand. Ja — komm nur — du garstiger Ro= bert! wegen dir hab ich was rechtes auszuste= hen — die bösen Menschen! sie erzählen erschreck= liche Dinge von dir.

Rob. (unbefangen.) Ist das möglich —

Nand. Und wenn man so etwas von dir

spricht, so sag ich ihnen frey in das Gesicht, daß sie lügen, und das wollen sie nicht glauben; ach! und ich habe dich, jemehr sie mich auch von dir trennen, doch so lieb, so lieb —

Rob. — wie kann ich mich überreden, daß du in furchtbaren Kreise des Hofes mein bleiben ner noch gedenken solltest.

Nand. Robert! der alte Tollstirn hat nach dir gefragt.

Rob. Der alte, redliche Greis!

Nand. Redlich und gut — aber jetzt erschrecklich wild. O Robert! was mögen unter euch Männern für abscheuliche Dinge vorgehen — weißt du nichts? im Ernste nichts —

Robert. Nicht das Geringste, liebes Nandchen! ich gehe meinen Gang, und bekümmere mich den Henker um das, was die Menschen unter einander vorhaben.

Nand. O Robert! Robert! Nandchen ist so bange um dich.

Rob. (in stolzer Ruhe.) Mir nicht —

Nand. Auch dem alten Tollstirn ist bange, herzlich bange — ich weiß nicht warum oder wofür, lieber Robert! aber jeder, der es gut mit dir meint, schüttelt jetzt, wenn von dir gesprochen wird, sorgsam den Kopf.

F

Zwölfter Auftritt.

Nandchen. Robert. Ein Vermummter mit einem Brief.

Nand. Was will denn dieser närrische Mensch? warum läßt du denn dein Gesicht nicht sehen?

Robert. Ein Brief? von wem? (liest) An Robert — des Wunderbaren wegen muß ich ihn lesen. (liest) Lieber Robert! flieh, so weit du kannst — denn es lauert hier ein Verderben auf dich, von dem dich kein Gott rettet.

Nand. Siehst du, lieber Robert! hab ich nicht Ursache gehabt, mich zu fürchten —

Rob. (liest) Flieh — und laß den ersten Sturm vorüber, mir bangt — es muß äußerst gefährlich seyn —

Nand. O Gott! (ringt die Hände.)

Rob. Nachschrift! Indem ich siegeln will, werde ich in Verhaft genommen; ich schreye nach der Herzogin, auch sie ist nicht mehr frey; fliehe — Robert! um Gotteswillen, fliehe!

Friderike v. Thalen.

Rob. (ruhig, schreibt mit einem Bleystift.) Ich fliehe nicht — (giebt das Blatt dem Vermummten, er geht ab.)

Nand. O Robert! wie ist mir so bange um dich —

Rob. Mir nicht! wem es hier ruhig schlägt, dem kann nie bange werden.

Nand. Robert! ich gehe zu meinem Vater; ich will ihm sagen, daß du unschuldig bist, hinstürzen will ich vor ihn auf meine Knie, so lange seine Füße umklammern, bis er mich hört — und hört mich der herzogliche Vater, o so bring ich dir Gnade von seinem Thron.

(Schnell ab.)

Dreyzehnter Auftritt.

Robert. Ritter Tollstirn.

Rob. Die Herzogin nicht mehr frey? ich fliehen? und die Ursache? was hab ich gethan? wie kommt die Herzogin in diese boshafte Verwicklung — Alles um mich her ist wie ein Traum!

Tollst. (reicht Robert die Hand.) Willkommen! Robert! du allein hier? wie geht dirs?

Rob. Gut — Herr Ritter! der Herzog hat heute früh einen Faisthirsch geschossen —.

Tollst. (sich von ihm wendend) Ich habe nichts mehr mit dir zu sprechen — du bist ein Höfling geworden.

Rob. Das wurd' ich auf eure Empfehlung, aber übrigens bin ich noch immer der alte Robert.

Toll. Und du kannst mir sagen, gut — weil der Herzog einen Faisthirsch geschossen hat. Schäme dich, du sprichst mit 2 Zungen.

Rob. Ist es nicht unsere Schuldigkeit, dem

Fürsten so viel Vergnügen als möglich zu machen?

Tollſt. Das kann der Hofnarr auch; ich frage dich noch einmal: wie gehts?

Rob. Und ich muß noch einmal ſagen —gut—

Toll. (bedeutend, halb ſpottend.) Robert! Robert! erſt ſeit kurzer Zeit am Hof, und du weißt dich ſchon ſo gut zu poſtiren, um den Rücken frey zu behalten.

Rob. Bey Gott! Herr Ritter! ich verſtehe euch nicht.

Toll. Robert! eine fürchterliche Gewitterwolke umſchwebt dein Haupt.

Rob. Mit freyem Blick ſeh ich ihr entgegen —

Toll. Auch wenn die Gewitterwolke zerplatzt, und dich zu tödten droht?

Rob. Auch alsdann —

Toll. Robert! du biſt eines ſchrecklichen Verbrechens an des Herzogs Perſon angeklagt — man beſchuldiget dich eines heimlichen Verſtändniſſes mit der Herzogin.

Rob. (lächelnd) Ha-ha-ha! die Leute machen mich größer, als ich wirklich bin; ſo hoch mich zu ſchwingen, dachte ich nie.

Vierzehnter Auftritt.

Vorige. Wolfſtein. Ein Mann von der Wache.

Wolf. Herr Schütze! auf Befehl des Herzogs seyd ihr der Gefangene dieses Mannes — gebt euer Waidmesser ab, und folgt ihm.

Tollst. Iſt es wirklich der Befehl unſers Herzogs?

Wolf. Er iſts!

Toll. Befolge ſeinen Befehl, Robert! Für-
ſtenbefehle müſſen dir heilig ſeyn! Traue auf
meine Hülfe, der alte Tollſtirn war des Herzogs Jugendlehrer — biſt du unſchuldig, ſo wird
der alte Lehrer den alten Zögling an ſeine Für-
ſtenpflicht erinnern. Gott ſey mit dir. (Ab.)

Rob. (ſchlägt Wolfſtein auf die Schulter.) Ritter! ich
kenne den Plan, nach welchem ihr mich verderben wollt; aber! (knirſchend) Bey Gott! er ſoll
euch nicht gelingen — (ihn am Arme rüttelnd) Und
gelingt er euch — verläßt mich Alles, was nur
immer einen Menſchen unterſtützen kann —
wohlan! Herr Ritter! ſo fahren wir mit einander zum Teufel. (Alle ab.)

Fünfzehnter Auftritt.

Syrius ſieht ihnen nach.

(Läuft umher.) Wie! was? Robert! des Herzogs Leibſchützen im Kerker? Robert! gefangen! des Herzogs — (ſchlägt ſich auf den Mund.)
wenn ich nur reden dürfte; daß mir auch immer das verdammte Geheimniß am Gaumen
kleben bleibt; o ihr werdet euch wundern, ihr
Buben! die ihr ihn gefangen nahmet — wun-

dern, wenn er erscheint in seiner wahren Gestalt — in seiner Größe — die ihn zum Herrscher seiner Völker bestimmte; o dieser Brief — (küßt ihn) lachet nur des besoffenen Hofpoeten! will der Mensch Gottes reine Wahrheit erfahren, o so hülle er sich in die Maske eines Trunkenboldes oder in die Maske des Narren. (ab.)

Sechzehnter Auftritt.

Dunkler Kerker. Robert in Fesseln.

Was ist in der Welt größerer Veränderung unterworfen als Menschengunst. Gestern noch geehrt, gefürchtet von so vielen, und jetzt zwischen diesen Mauern verachtet — verstoßen — und die Ursache meiner Gefangennehmung mir so unbewußt, wie dem neugebornen Kinde sein Daseyn (die Thüre öffnet sich, eine weiße Gestalt kommt herein.) Was sehe ich! nur Geister, sagt man, können durch verschlossene Thüren wandeln! die Thüre bleibt offen? soll ich? oder! nein! auf Befehl des Herzogs wurde ich gefangen genommen —

Gestalt. Folgt mir, Robert! ich bin euer Freund.

Rob. Unmöglich kannst du mein Freund seyn, sonst könntest du mich nicht zu einer schlechten That überreden, (zum Gefangenwärter) Befolgst du so den Befehl deines Herrn, daß deine Gefangene sich selbst die Thüren verschließen müssen —

Gefangenw. Ich bitte um Gotteswillen, mich nicht zu verrathen.

Gest. Fliehet Robert! noch ist es Zeit!

Rob. Ein Bube entflieht! Robert bleibt!

Gest. Wenn ihr auch nicht fliehen wollt, so bittet um Gnade! die Fürstin ist unglücklich, euer heimliches Verständniß ist entdeckt, Bittet um Gnade.

Rob. Ich bitte nicht um Gnade — verlasset mich! (Beyde ab, die Thüre wird verschlossen, allein, nach einer kleinen Pause.) Die Herzogin ist unglücklich — unglücklich meine größte Wohlthäterin? (fährt auf) Ha! Bilder rauschen jetzt vor meiner Seele vorüber, bey denen nur das Herz eines Buben nicht zu einem brausenden Flammenstrome wird; ha! jetzt — jetzt! bey Gott! jetzt könnt' ich fliehen, könnt' um Gnade betteln —— betteln — um Gnade — nicht für mich, sondern um die Menschheit von einer That zu retten, die ihr ein ewiger Schandfleck werden muß — (Er schlägt wider die Thüre.) He! he! öffne noch einmahl diesen Höllenschlund — thue auf diese Mördergrube, daß ich Wahrheit zeugen — die Unschuld retten — frey die Lügner entlarven kann, wie vor dem Throne des Weltrichters —

Gefangenw. Ihr poltert ja erschrecklich an der Thüre — was wollt ihr denn?

Rob. Alter! es ist nun schon eins, ob du schuldig oder unschuldig deines Dienstes quitt wirst — hier! nimm diese Börse, wer kommandirt heute Abend am herzoglichen Schloß?

Gesang. Heldau kommandirt —

Rob. Heldau? ha — ein Nahme, tröstlicher als ein Segenspruch! Gib mir deinen Mantel — wenn ich dich je verrathe, so verrathe ich meinen Vater; Heldau kommandirt? — ha — so dringe ich mich bis zur Stufe des Thrones — und rette meine Wohlthäterin. (Ab.)

Siebzehnter Auftritt.

Herzoglicher Saal. An der Wand hängen Wandleuchter, der Herzog sitzt auf einem Seitenthron. Im Hintergrund vor der Thüre Wache. Der Herzog. Wolfstein. Eichenhorst. Wildenstein. Mehrere Ritter.

Herz. Ritter! ich schaue in eine Nacht voll Betrug und Hinterlist — ich bin mit Feinden umgeben, die an meiner Ehre nagen, Menschen, die ich liebte, und denen ich Gutes that, rauben mir Ruhe und Zufriedenheit. Meine eigene Gemahlin — mein Liebling— (Man hört Lermen vor der Thür.)

Tollstirn (tritt ein mit blossem Schwert.) Haltet euch ruhig, ihr Leute! nur noch 2 Minuten — dann will ich euch von Allem unterrichten.

Herz. Was ists — was gibt es?

Toll. Gnade für die Herzogin, so ruft das Volk — sie ist die Mutter der Armen!

Achtzehnter Auftritt.

Vorige.

Syrius stürzt herein.

Syr. Haltet ein! Herzog! wisset ihr auch, was ihr beschlosset; Es ist ein wichtiger Entschluß, der Entschluß eines Fürsten, das Wohl ganzer Länder hängt davon ab, die Herzogin ist unschuldig ---

Wolfst. (will ihn fortdringen.)

(Der Herzog betrachtet ihn mit Aufmerksamkeit) Unschuldig?

Eich. (zupft ihn am Rock, Ritter Wolfstein droht ihm.) Fort --- fort aus dem herzoglichen Saal ---

Tollst. (mit der Klinge drohend.) Lasset ihn sprechen, oder mein Schwert spricht mit euch --- ich hohle die Herzogin (ab.)

Herz. Ich befehle --- Redet!

Syr. Gnädigster Herr! man hat noch kein Beyspiel, daß ein Poet gehenkt worden ist --- also werdet ihr mich auch nicht fressen, ihr Herren! aber --- hier! hier! Herr Herzog! ist ein Beweis, daß man euch betrogen hat; hier dieser Brief --- den Kuß betreffend, welchen die Herzogin nicht dem Robert, sondern dem auf seinem Schooße schlafenden Knaben der Wittwe von Thalen gegeben hat ---

Herz (liest flüchtig durch. Sie sehen einander an.)

Syr. Ja! ihr wundert euch, wie ich dazu gekommen? dachtet wohl immer, Herr Syrius ist besoffen — aber wenn er so im Winkel lag, und nichts zu denken schien, war er immer noch klüger, als ihr, wenn ihr solche Plane ausbrütetet —

Herz. Wolfstein! das ist eure Hand — holt mir meine Gemahlinn! (einer der Ritter geht ab.) himmlische Blanka! du sollst fürchterliche Genugthuung erhalten.

Neunzehnter Auftritt.

Man höre Ketten rasseln. Ruf der Wachen, halt! halt!

Herz. Was hör' ich — — — Gott!

Zwanzigster Auftritt.

Vorige.

Robert stürzt herein, gefesselt. Alle in stummen Entsetzen.

Rob. Herzog! ich bin zwar nur einer Eurer geringsten Diener, aber ich bin ein Mensch — und als dieser verdiene ich keine Verdammung, ohne gehört zu seyn!

Herz. (mit gepreßter Stimme.) Niemand weiß besser, wer du bist — als ich — um Gotteswillen, Robert! schaffe mir diese Ketten aus den Augen, sie drücken nur deine Hand, aber mir verwunden sie das Herz —

Rob. (etwas bitter, indem er ihm die Ketten vor die Augen hält.) Wer hat mir sie angelegt?

Herz. (ihm in den Arm sinkend.) Der Herzog— dein Vater! (Allgemeine Pause.)

Alle. Was hör' ich —

Rob. Mein Herzog!

Herz. O Sohn! nur zu lange ließ ich dich unerkannt unter deinen Feinden, und beförderte vielleicht dadurch deinen Fall; Ihr staunet — hier dieser alte ehrliche Greis — (auf Tollstien zeigend.) soll zeugen, daß du der Sohn meiner ersten Gemahlin bist —

Rob. (stürzt zu des Herzogs Füßen.) O zu schön ist dieser Traum, als daß ich ihn zu frühe meiner Einbildungskraft entschlüpfen ließe — mein Vater!

Syr. Kannte euch schon lange, durchlauchtigster Prinz! war ja dabey, wie sie euch vor 20 Jahren nach Wildenbach brachten; aber diese Herrn! seht! hier auf diesem Papier sind die Nahmen eurer Verräther aufgezeichnet —

Herz. Sie seyen deiner Rache — oder deiner Verzeihung überlassen!

Rob. (nimmt von Syrius das Papier.) Ich habe einst Hoffnung, der Vater meines Volkes zu werden — ich will diesen schlüpfrigen, gefahrvollen Pfad nicht mit Strafe, sondern mit Verzeihung beginnen, (geht zu dem nächsthängenden Wandleuchter und verbrennt das Papier.) So sey das An-

denken meiner Feinde auf ewig aus meiner See=
le verbannt!

Herz. (umarmt ihn.) Groß gehandelt—Sohn! du verdienest den Nahmen eines Fürsten —

Tollst. Und die glückliche Bestimmung über Menschen zu herrschen —

Frid.
Nand. | Die Herzogin unschuldig?

Die Herzoginn zu des Herzogs Füssen. Mit ihr Nandchen, Friderike von Thalen.

Herz. Blanka! wirst du mir vergeben?

Herzogin. O von ganzer Seele.

Ein Hofbedienter. Fürst Raimund von Hellingen. (Trompetenschall.)

Raim. (eilt in des Herzogs Arm.) Willkom=
men bey euch! herzoglicher Freund! aber was
sehe ich? Entsetzen auf allen Gesichtern?

Herz. Hier! mein Sohn Robert!

Alle. Prinz Robert?

Rob. (Viele Hofleute stürzen in den Saal.) O mein
Vater! meine Mutter! (Alle in einer Erstaunungs=
pause. Friderike fällt Tollstirn in den Arm.
Er stürzt zu ihren Füssen.

Der Vorhang fällt.

―――

Vierter Aufzug.

Erster Auftritt.

Des Herzogs Zimmer.

Herzog Otto. Fürst Raimund. Nandchen.

Raim. Also auch diese Probe noch, Grausamer!

Herz. Laß mich — ihre Herzen müssen alle Gefühle kennen, allen Leidenschaften trozen lernen; Halten sie dann aus — Gott! wenn es Glück der Liebe gibt für uns Fürsten und Fürstenkinder, dann müssen sie glücklich seyn.

Nand. (kommt) Nun, Vater! da hast du wieder was schönes angefangen; ich glaub zulezt, ihr treibt nur Alle euren hocus-pocus mit mir.

Herz. (mit Lächeln.) Was ist denn geschehen, liebes Nandchen!

Nand. Jetzt sagen sie wieder am ganzen Hofe, ich sey keine Prinzeß, und du seyest mein Vater nicht. So sag mir doch einmal, bist du mein Vater, oder bist du es nicht?

Herz. Nein, liebes Nandchen! ich bin es nicht.

Nand. Aber um des Himmelswillen! wer wird denn endlich zulezt mein Vater seyn wollen?

Herz. Sieh! da kommt er! von diesem Manne wirst du Alles erfahren.

Zweyter Auftritt.
Vorige. Förster Wernek.

Wern. (dem Herzog zu Füßen.) Gnädigster Herr! ihr werdet das schriftliche Bekenntniß meines Weibes gelesen haben. Lasset es mich nicht entgelten, ich bin unschuldig an diesem Betrug

Herz. Steht auf, guter Alter!

Wern. Ach! mein liebes Herzens Nandchen! freu dich! du gehst wieder mit mir nach Wildenbach! dachte ja gleich, daß du mehr als meine Ziehtochter seyn müßtest.

Nand. Wie! also wärest du wirklich mein rechter Vater? nun das ist mir recht lieb; ich geh also wieder mit dir ist mir auch recht, aber Robert geht doch auch mit?

Wern. Nein, liebe Tochter! der bleibt hier, wird Herzog, übernimmt einst die Regierung über tausende seiner Mitmenschen, um sie glücklich zu machen.

Nand. Hat das Robert gesagt? ich glaube nicht, daß Robert ohne mich hier bleiben wird.

Raim. Laß mich doch die Geschichte der Verwechslung dieser Kinder mündlich hören.

Wern. Gnädigster Herzog! Sechzehn Jahre sind jetzt vorüber, als mir eine Tochter gebohren wurde — In des Herzogs Geschäften wurde ich dazumahl in fremde Länder geschickt, um eure Pferde, die ihr dazumahl im Hollsteinischen kauftet, nach Hause zu transportiren —

Herz. Alles richtig — ich erinnere mich noch dieser Reise auf das lebhafteste —

Wernek. Als ich nach Hause kam, hörte ich die Nachricht, daß meine Tochter gestorben wäre — und daß Ritter Tollstirn ein zweyjähriges Kind zu meinem Weibe gebracht hätte, um sie für ein sehr reichliches Kostgeld zu erziehen.

Herz. Weiter — weiter!

Wernek. Aber das Kind, das gestorben war, war nicht meine Tochter — es war Ritter Tollstirns Pflegekind. Mein Weib — verblendet durch den Satan und durch das Geld, das sie da vor sich sah, läßt die Prinzessin als mein Kind begraben, erzieht Nandchen als Pflegetochter — und da sie nun erfahren hat, daß sie Prinzessin sey, fährt ihr der Teufel ins Gewissen, sagt und bekennt Alles.

Herz. Nun da hörst du's, liebes Nandchen! daß du nicht meine, sondern dieses Mannes Tochter bist —

Nand. Freylich hab ich's gehört — und es wär mir auch Alles recht, wenn Robert nur auch nicht dein Sohn wäre.

Herz. Sey zufrieden, Nandchen! ich habe einen Plan mit dir, der dich glücklich machen soll.

Nand. Ach hör! ohne deinen Sohn wird Nandchen wohl schwerlich glücklich werden können.

Herz. Ich habe einen jungen Ritter an meinem Hof — ein liebenswürdiger Jüngling! Wildenstein ist sein Rahme! wenn dir dieser Ritter gefällt, so sollst du ihn heirathen —

Nand. Nandchen möcht freylich gern heirathen — aber, wenn sie ihren Robert nicht bekommt, so wird Nandchen in ihrem Leben nicht heirathen —

Herz. Du bist ein närrisches Mädchen! das wird sich schon finden; komm mit mir, ich will dich zu deinem neuen Liebhaber führen — (nimmt sie an der Hand.)

Nand. Nein! (hängt sich an Werners Hand.) Da geh ich lieber mit dir — denn Nandchen will einen Mann haben, den sie lieben kann — und nicht den, den man ihr so mir nichts, dir nichts auf den Rücken wirft, verstehst du? (Alle ab.)

Dritter Auftritt.

Robert im Fürstenkleide. Rohr.

Rob. Verdammt ist doch mein Schicksal! auf der Stunde meiner Geburt ruht ein Fluch; aber du sollst mein seyn, mein, unzertrennlich mein. Hängest du nicht so innig und fest an dem armen Schützen, als du Fürstentochter warest — und der Herzogs Sohn sollte nicht eben so fest an dir hängen, und wenn du die Tochter eines Hirten wärest? Ja! weg mit diesem feuchten Gramwölkchen von deinem Auge — und gehe die Welt zu Grund, Nandchen! ich schließe dich in meinem Arm, und stehe lachend mit dir auf ihren Ruinen.

Rohr. Gnädigster Prinz! der Herzog verlangt, daß ihr ihn auf die Jagd begleiten sollet —

Rob. Unmöglich! nach der großen Erschütterung, die meine Seele traf, habe ich Ruhe vonnöthen — o Rohr! so unruhig durchwachte ich noch keine Nacht, wie diese —

Rohr. Was fehlt euch, gnädigster Prinz!

Rob. Alles um mich her ist wie ausgestorben, alles um mich so einsam wie in den Gräbern — die Leute, so elend, so kalt, so immer lächelnd — sie sagen zu Allem Ja, und denken bey Allem Nein — lauter Horcher um mich, die sich fürchten, einen Athemzug lauter werden zu lassen als den andern — (Klopft ihn auf die Schulter.) o Rohr! ich wollt, ich hätte Feinde —

Rohr. Gott behüt! unser eins ist so ruhig und so seelenfroh, wenn man keine hat —

Rob. Wenn man in den Fall ist, wie ich, keine Freunde zu haben, so wünscht' ich mir lieber Feinde. (vergnügt) O! wie war mir einst

G

so wohl, als sie noch um mich herfauchten wie die bösen Kazen — denn da hatt' ich doch Beschäftigung, und wenns weiter nichts war, als über sie zu lachen — Jezt unter lauter Menschen, die lächeln, wenn ich lächle — wenn ich bey hellem Himmel spreche, wir bekommen Gewitter, mit Schafgesichtern gen Himmel sehen, und sagen: es donnert schon — Nein — Rohr! da möcht man des Teufels werden vor langer Weile —

Rohr. Habt ihr auch schon gehört — heute noch soll Fürst Raimunds Tochter nach Hof kommen — denkt an mich, man will sie mit euch vermählen —

Rob. Man will! ob aber ich will — o ich kenne ihren Plan, sehe tief in der Zukunft Gewirre; sie werden Alles anwenden, um mich von ihr zu trennen — denn ich kenne die hohen Plane der Vereinigung dieser 2 Länder, an denen die Herzen jener politischen Alten so fest hängen — aber umsonst; sie liebte mich als Fürstentochter — Nandchen soll mein werden, dieß schwör ich dir als Herzogs Sohn. (ab.)

Vierter Auftritt.

Nandchens Zimmer.

Nand. Ich weiß nicht, was das Ding zu bedeuten hat — gestern neigte und bückte sich noch Alles vor mir — ich durfte die Leute an ansehen, so waren auch schon Alle meine Wünsche erfüllt — und heute gehen sie an mir vorüber, als wenn sie mich gar nicht mehr kenneten —

Zofe. Guten Morgen, Jungfer Nandchen!

Nand. Warum nennst du mich denn Jungfer? kennst du mich denn nicht mehr ---?

Zofe. O ja — recht gut — Prinzeßin von 2 Tagen — ha ha ha!

Nand. Sieh — das ist nicht schön, daß du mich auslachst — weist du's.

Fünfter Auftritt.

Vorige. Eichenhorst. Der Stallmeister.

Eich. Mit Erlaubniß, gnädigste Prinzeßin! — (spottend) Ich habe Befehl, dieses Ehrenzeichen euch abzunehmen — (Er nimmt ihr das grüne Band von der Seite.)

Nand. Was machst du denn?

Eich. Nichts — gar nichts.

Nand. Du bist ein närrischer Mensch! meinst du etwa, daß meine Zufriedenheit an dem Band hängt? willst du vielleicht das gestickte Kleid auch wieder haben, ich ziehe es gleich aus.

Eich. Dieses Kleid schenkt euch der Herzog aus besonderer Gnade. (Ab.)

Nand. So! ey! wie großmüthig! geh, schick du mir meinen Mohren herauf.

Stall. Ist schon in allen Gnaden aus eurem Dienst entlassen.

Nand. In allen Gnaden? was hat er denn böses gethan, daß man ihn in allen Gnaden entlassen hat? so geh', laß mir meine Schimmelchen satteln, ich will ausreiten.

Stall. Kann auch nicht mehr seyn! eure Schimmelchen sind schon in die Verkaufsliste abgegeben worden.

Nand. (weint) Meine Schimmelchen? o ich hatte sie so lieb! geh mir aus den Augen, du garstiger Mensch!

Zofe. Wir haben Befehl, das Zimmer zuzuschließen, ihr müsset euch daraus entfernen.

Nand. Aber wo soll ich denn hin, du närrisches Mädchen?

Zofe. Wohin ihr wollt, das geht mich nichts an.

Nand. Ich kann mich ja doch nicht auf der Straße aufhalten.

Zofe. Aber das Zimmer muß ausgeputzt werden, die neue Prinzeß wird sich herein logiren.

Nand. O die abscheulichen Menschen! eine gewesste Prinzeß so aus dem Zimmer hinaus zu werfen. (Sie weint.)

Sechster Auftritt.

Vorige. Der Herzog. Er winkt, sie entfernen sich.

Herz. (reicht ihr gnädig die Hand.) Du weinst, Nandchen!

Nand. Ja, ja! ich weine!

Herz. Du hast freilich einen Vater verloren.

Nand. Ach nein, deßwegen weine ich nicht; aber meine liebe Schimmelchen — der böse Mensch, der Stallmeister, will mir sie nicht mehr satteln, er sagt, sie müssen verkauft werden.

Herz. So! so! (mit einem fast unmerklichen Lächeln.). Aber wie gefällt dirs denn nun hier?

Nand. Je nun. (unbefangen.) Gut! daß du nicht mehr mein Vater bist, thut mir freilich ein bischen weh; aber was hilfts, wenn es nicht anders ist.

Herz. Armes Mädchen! du wirst wohl zwischen heute und gestern einen merklichen Unterschied merken, nicht wahr?

Nand. Hm! das thut nichts! hab ich keine Dienstmagd mehr, je nun, so kräuselt sich Nandchen ihr Haar selbst — hab ich keinen Mohren mehr, der mich bedient, so schöpft sich Nandchen ihr Glas Wasser selbst ein — hab ich meine Schimmelchen nicht mehr, so geht Nandchen zu Fuß — o Herzog! alle diese Dinge sind gut und schön, wenn man sie hat; aber, Gott sey Dank!

sie sind mir noch nicht zum Bedürfniß geworden, sonst würde mich, glaub ich, ihr Verlust unaussprechlich elend machen.

Herz. Du bist ein kluges Mädchen!

Nand. Es ist bloß heute, daß ich diese Sachen vermisse — morgen — (lachend) o morgen werd ich kaum daran denken.

Herz. Wirklich! und was denkst du denn nun anzufangen?

Nand. Anzufangen? ja, das weiß Nandchen selbst nicht; denn sie hat noch niemals daran gedacht, was sie anfangen will — (nach einigem Nachdenken) Ach! mir ist gar nicht bange— der Robert, der wird schon für mich sorgen.

Herz. Nandchen! Nandchen! mit dem Robert wird es wohl jetzt ganz anders werden müssen.

Nand. (lachend.) Ihr meint wohl, er dürfe mich jetzt nicht mehr lieben, weil er Prinz ist, so wie ich ihn nicht lieben sollte, als ich Prinzeß war — ha ha ha! ihr närrische Menschen! (mit dem Fuße stampfend.) und er liebt mich doch, und ich liebe ihn auch.

Herz. Das kann er, aber heirathen darf er dich nicht; kann wirst du seine Buhldirne — will das Nandchen werden? (ihre Hand fassend).

Nand. (etwas traurig, nach einigem Nachdenken.) Wohl hätte ichs gerne, wenn er mich heirathete; denn Nandchen möcht herzlich gern einmal heirathen; aber wenns nun nicht seyn kann—

du sagtest ja, er könnte mich doch lieben ohne zu heirathen — (fröhlich und mit ausgestreckten Armen.) O ja, ja, wenn nur mein Robert mich liebt — heirathen hin, heirathen her — (hüpfend) ich will seine Buhldirne werden.

Herz. Pfui! seine Buhldirne wolltest du werden? seine Buhldirne?

Nand. Nun! ist denn das was garstiges, daß du Pfui sagst?

Herz. Freylich, Nandchen! ist es was garstiges.

Nand. So! ich dachte, weil es mein Robert thäte, so könnt' es nichts garstiges seyn; aber wenns so ist, so mag Nandchen keine Buhldirne werden, so lieb sie auch den Robert hat.

Herz. Ich würde es auch nicht dulden; denn Robert wird die Tochter meines Jugendfreundes, des Fürsten von Hellingen, heirathen.

Nand. Wirklich! hat er das schon gesagt?

Herz. Gesagt hat ers noch nicht — aber —

Nand. Hör, sag mir doch: ist die Tochter deines Jugendfreundes schöner wie ich?

Herz. Das nicht; aber sie ist Fürstin.

Nand. Wenn er nun aber das Mädchen nicht lieben kann?

H z. Das thut nichts — er heirathet sie, und ist Herr zweyer blühender Provinzen — sie wird Herzogin.

Nand. (den Kopf schüttelnd) Ach! ich möchte keine Herzogin seyn ohne Liebe — aber was soll denn jetzt das arme Nandchen machen?

Herz. Das klügste, was sie thun könnte, wär: sie entsage dem Robert freywillig, heirathete den Ritter Wildenstein — oder aber ging zurück in ihre vorige Einsamkeit, und träumte sich dort den süssen Traum seiner Liebe.

Nand. Nein! das thu ich nicht — Nandchen träumte zwar gern von solchen Sachen, aber jetzt wacht sie lieber dabey. (Entschlossen.) Macht ihr, was ihr wollt, ich weiß schon, was ich thue.

Herz. Und das wäre?

Nand. Ich heirathe den Robert — ja, ja, das thu ich.

Herz. O-ho! das geht so geschwind nicht.

Nand. Geschwinder als du das denkst — und zu dem, das rath' ich euch, macht nicht etwa den Robert böse; denn ein Löwe ist — ich hab zwar noch keinen gesehen — aber ein Löwe ist nicht so grimmig wie er, wenn er anfängt.

Herz. (lächelnd) Auch Löwen sind zu bändigen — ich hole dir Ritter Wildenstein. (ab.)

Siebenter Auftritt.

Nandchen. Syrius.

Nand. Was ich nun jetzt mit einem andern Mann machen soll — die Leute denken gar nicht daran, daß man nur ein Herz hat; wenn ich nun Jemand fände, mit dem ich ein gescheides Wort reden könnte — Ach! du lieber Hofpoet! du bist doch nicht besoffen? ich möchte dich gerne etwas fragen.

Syr. Frage, holder Engel! und der Hofpoet wird antworten, wie's recht ist.

Nand. Nun so sage mir doch, lieber Syrius! der Ritter Wildenstein verfolgt mich auf allen Schritten und Tritten — hat mich vorhin sogar bis in mein Zimmer verfolgen wollen, sag mir doch, lieber Poet! was fängt Nandchen an?

Syr. Nandchen ist artig gegen ihn — und wenn er ihr was von Liebe vorschwatzt, so schlägt ihn Nandchen hinter die Ohren.

Nand. Ach! das hat er schon gethan! und Nandchen hat ihn noch nicht hinter die Ohren geschlagen.

Syr. (schüttelt den Kopf.) Das ist schlimm, sehr schlimm — ein Mädchen, das solch einen Liebesritter anhört, ist schon auf dem Wege, ihm noch mehr zu zugestehen.

Nand. Ach! wenn er weiter nichts gesagt hätte als von Liebe.

Syr. (mit weit aufgerissenen Augen.) So! hat er also noch mehr gesagt? und was hat er gesagt?

Nand. Er wollte mich auf den Abend, wenn ich allein wäre, auf meinem Zimmer besuchen.

Syr. (Ägurirend.) Ruit per vetitum nefas — audax Japeti genus: sagt Vater Horaz — (mit majestätisch erhobner Hand) und der Hofpoet sagt: Ey! ey!

Nand. Ich weiß zwar nicht, was dein Vater gesagt hat, aber weil ~~du sagst, ey, ey~~, so muß es gewiß nichts gutes seyn. (Aengstlicher) Lieber Gott! wenn doch nur eines dem armen Nandchen sagte, was sie thun soll, wenn der alberne Mensch zu ihr auf das Zimmer kommt.

Syr. Wenn der Ritter kommt? je nun — so — so —

Nand. Nun — so — so — ach lieber Syrius! mir ist bange — wenn er nun kommt —

Syr. So läßt Nandchen den lieben Gott sorgen, und — den Hofpoeten. (Ab.)

Nand. Nun, da wär ich verlassen, wenn ich auf dich mich verlassen sollte. (Kleine Pause. Trocknet sich eine Thräne, mit erhobenen Gesicht und Händen.) Verlaß du mich nicht! (Ab.)

Achter Auftritt.

Hofzimmer. Robert. Rohr.

Robert (schnell eintretend.) Ihr wollt mit mir spielen — die Herzogswürde werft ihr mir hin wie dem Bettler eine Brodrinde; aber woran mein Herz hängt, woran mir mehr liegt, als an den Schätzen Indiens, das knüpfet ihr lieber an die Hörner des Mondes, damit es meine

Wünsche nicht erreichen können — (entschlossen,) Wohl mir, daß ich Muth und Kraft habe, selbst zu handeln.

Rohr. (kommt eilend.)

Rob. Hast du meinen Befehl vollzogen? wird er kommen?

Rohr. (mit Zittern.) Ja — Prinz! er wird kommen — aber — ich zittere —

Rob. Du erschrickst? ich dächte doch, es wäre eben so erschrecklich nicht, einen Mann geholt zu haben, der durch seinen Segen ein Paar Menschen glücklich machen soll —

Rohr. Aber Prinz! bedenket —

Rob. Ich habe bedacht — und bedacht — und wenn ich ein ganzes Menschenalter lang bedenke, so bringe ich doch weiter nichts heraus, als — daß es seyn muß.

Rohr. Aber — Prinz! überleget, was ich gewagt habe —

Rob. Überlege alter Kerl! daß meines Vaters Kopf grau ist — wie viel hast du Familie, Alter —

Rohr. Sieben-Kinder!

Rob. Hast du die Ritter alle in den Marmorsaal gerufen?

Rohr. Alle — Ritter Tollstirn — Ritter Wolfstein — Eichenhorst — Alle — wie ihr befohlen habt —

Rob. Der Herzog ist auf der Jagd — nicht wahr?

Rohr. Ich vermuthe —

Job. Besorge Alles nach meinem Befehl

Rohr. Aber Prinz! ich schicke euch alle Tage meine 7 Kinder vor die Thür, wenn sie kein Brod haben.— (ab)

Rob. Sie werden dort Gesellschaft finden — Ja es ist entschieden! so und nicht anders — so muß man zuweilen seinem Glück einen Stoß in die Rippen geben, sonst ist die faule Mähre wohl gar im Stande, und läßt einen auf dem entscheidendsten Punkte sitzen.

Neunter Auftritt.
Robert. Syrius.

Syr. Ach! Prinz Robert ist bey Laune, wie ich merke.

Rob. Und der Hofpoet — betrunken vielleicht?

Syr. Wohl jedem, dem's schmeckt — Prinz! ich habe euch was zu sagen.

Rob. Das wird wohl nicht viel gescheides seyn.

Syr. Davon ist jetzt die Rede nicht — aber doch was wichtiges.

Rob. Hahaha — hat dir so etwas wichtiges geträumt?

Syr. Ja! die Anwartschaft auf einen Kopfschmuck.

Rob. Hast du die? so thut mir leide, daß ich dich einst aus meinem Lande verbannen muß, denn ich kann dieses Geschlecht nicht leiden.

Syr. So! wie wenn ihr nun aber selbst euer Bündel schnüren müßtet?

Rob. (aufmerksam.) Spricht der Weingeist aus dir — oder wie heißt sonst der Unhold?

Syr. Halt! nun möchtet ihr es gerne wissen — (ergreift seine Hand.) Kommt mit mir, ich werd' euch an einen Ort führen, wo ihr diese Anwartschaft selber beherzigen könnet. (Sie wollen fort.)

Rohr. Prinz! er kommt!

Rob. Führ ihn dahin — O die Welt ist wahrlich lange so böse nicht, als man sie immer ausschreyt — Es gibt noch Männer, die Köpfe, Nerven und Herzen auch für uns Fürsten haben. Rohr! hier — für dich — dieß — für deine Kammeraden — macht euch lustig — trinkt — laßt die Waldhörner tönen — euer Robert wird sich heute noch freuen. (ab.)

Zehnter Auftritt.

Nandchens Zimmer.

Sie fliehet vor Ritter Wildenstein.

Nandchen. Wildenstein

Nand. Laß mich los, du garstiger Mensch! ich hab dir schon gesagt, daß ich nichts von dir hören will.

Wild. Wenn ich dir aber sage, daß ich dich so grenzenlos liebe.

Nand. Du liebst mich, sagst du? Nun das ist Nandchen recht lieb! denn Nandchen wünschte, daß sie alle Menschen lieb haben möchten; aber Nandchen liebt die ungezogenen Menschen nicht, die sie bis hier ins Zimmer mit ihrer Liebe verfolgen.

Wild. Ich fühle ganz das Gerechte dieses Vorwurfs, aber — herrliches Mädchen! schreibe dieses auf die Rechnung grenzloser Liebe.

Nand. Ich habe dir aber schon gesagt, daß ich nichts von deiner Liebe hören will; wenn du nicht gehst, so sage ich es der Herzogin — weißt du — und die wird nicht zugeben, daß man ihr Frauenzimmer ganz allein auf ihrem Gemach überfällt, hast du verstanden?

Wild. (überfäet ihre Hand mit Küssen, fällt vor sie auf die Knie.) O Nandchen! spricht heute schröcklich deutlich — aber ich kann unmöglich glauben, daß es die Sprache ihres Herzens ist.

Eilfter Auftritt.
Vorige Robert.

Syrius öffnet die Thüre, und zeigt ihm die Gruppe.

Nand. (läßt Wildenstein knien, eilt in Roberts Arme, dieser steht beschämt auf.) O mein Robert! wenn du wüßtest, wie man mit mir umgeht.

Rob. Ich weiß alles gutes Mädchen (

und das blonde Nandchen.

finstern Blick) Ritter! ich möchte wahrlich hier nicht an eurer Stelle seyn.

Wild. (frey ihm ins Auge blickend.) Ich verdiene euren Spott, Prinz! aber bey Gott! Demüthigung verdiene ich nicht.

Rob. (drohend.) Und wisset ihr auch, was ihr noch mehr verdient habt.

Wild. (eben so) Ich weiß, daß ihr mich in diesem Augenblick vernichten könnt, wenn ihr wollet — aber ich weiß auch, daß ihr mich einst umarmen werdet, wenn ihr an diesen Augenblick denket.

Rob. (für sich.) Unerklärbar ist mir die Ruhe mit welcher mir dieser Verräther ins Auge blickt — (laut.) Aber wie ziemt es dem Manne von Ehre, ein wehrloses Mädchen auf diese Art zu überraschen.

Wild. Prinz! ich habe Ehrfurcht für euren Verstand — aber — könnet ihr richtig über eine Sache urtheilen, von welcher ihr keinen Begriff habt?

Rob. So machet mir einen Begriff, daß ich urtheilen, und wie ich es wünsche, vortheilhafter von euch urtheilen kann.

Wild. Ihr könnet befehlen, und mein Kopf steht Euer Hoheit zu Diensten — aber — jetzt kein Wort mehr! Auch das, was ich gesagt habe, widerrufe ich auf das feyerlichste — Ich habe nichts gesagt.

Rob. Unbegreiflich!

Wild. (nach einer Pause, während welcher ihn Robert voll Bewunderung betrachtet) Prinz! bin ich entlassen?

Rob. Ja — (Wild. macht seine Verbeugung, will fort.) Doch — nein! ich muß mich bey euch revenschiren — Nandchen! du gibst dem Ritter deinen Arm, und folgest mir.

Nand. Robert! was hast du vor — mir ist so bange, und doch so wohl.

Rob. Wir sind bald am Ziele! ist dieses noch vorüber, o dann schließe ich dich in meinen Arm — rufe dem ganzen Lande zu: Menschen! ich will euer Vater werden; aber dieses Weib, verdient sie nicht eure Mutter zu seyn, auch wenn sie nicht Herzogs Tochter wäre.

(Alle 3 ab.)

Zwölfter Auftritt.

Vorsaal, welcher durch die Mittelthür in einen prächtigen Marmorsaal führt. Wenn die Thüre geöffnet wird, sieht man im Mittelpunkt einen Thron, nebenbey Trabanten. Im Vorsaal sind Wolfstein. Eichenhorst. Mehrere Ritter.

Eich. Alles hier! mir so ganz unerklärbar — die Ursache unsers Hierherbescheidens?

Wolf. Kann ich mir so wenig erklären, als ihr — der Prinz hat befohlen; er verdient, daß wir ihm gehorchen.

Eich. Also heute soll die neue Prinzeßin noch ankommen?

Wolf. So sagt man! Fürst Raimund ist voraus gereist — ich bin begierig, ob sie unserem Prinzen gefallen wird; die Auswechslung der Prinzeßin mit des Försters Tochter war ein fürchterlicher Schlag — er traf des Prinzen Herz, traf es just auf dem Fleckchen, wo es ihn am tiefsten schmerzte.

Eich. Wenn er nur mit dem Mädchen keinen neuen Streich vorhat; er könnte ihn um die Liebe seines Vaters, um alles Ansehen bringen, so daß der Prinz ungleich weniger als einst der Schütze wäre.

Wolfit. Dafür lassen wir ihn sorgen, er ist unser künftiger Herzog. (Entfernt Trompetenschall) Was ist das?

Eich. Ich begreife nicht —

Dreyzehnter Auftritt.

Vorige. Wildenstein ängstlich.

Wild. Ihr hier? bin ich bezaubert — oder was geht hier vor.

Wolf. Woher kommt ihr, Wildenstein!

Wild. Gerade von dem Prinzen — ich mußte Nandchen bis an die Thüre des großen Saales führen — dann beschied er mich hierher.

Eich. Und was soll dieser Trompetenschall?

Wild. Mir eben so unbegreiflich wie euch — Alles in der ganzen Burg läuft zusammen — jedem so räthselhaft, wie mir selber.

Vierzehnter Auftritt.

Vorige. Tollstirn. Wernek, hernach Robert.

Toll. Der Kronprinz noch nicht hier? — wo mag er so lange bleiben?

Rob. (tritt ein, außerordentlich heiter.) Verzeiht mir, Freunde! daß ich euch etwas länger, als es meine Absicht war, habe müssen warten lassen; es hielt mich ein Geschäft zurück, (nach Wildenstein blickend.) welches nicht einen Augenblick aufgeschoben werden konnte, wenn ich nicht alles verlieren wollte, was auf dem Spiel stand.

Toll. So wünsch' ich euch Glück zum Gewinnste.

Rob. (mit Ernst und Würde. kl. Pause) Ritter! ihr kennet mich doch allerseits, so wie ich hier vor euch stehe?

Alle (betroffen.) Ja! unser Kronprinz!

Rob. Also richtig dieses! — Ihr waret doch Zeugen, daß mich mein Vater gestern als seinen Sohn, als Nachfolger der Regierung erklärte.

Alle. Wir waren es!

Rob. Ich kann also frey handeln, als Mann, der das Gängelband überwachsen hat.

Toll. Ihr seyd euer eigener Herr, nur die Gesetze sind über euch.

Rob. Die Gesetze! die sollen mir auch immer heilig seyn. (Pause.) Es ist doch keiner von euch betrunken, oder seiner Sinne nicht mächtig? —

Wolf. Keiner — jeder ist seiner Sinne mächtig.

Fünfzehnter Auftritt.

Robert. Also zur Sache (Er will die Mittelthür öffnen)

(Der Herzog. Seine Gemahlin. Fürst Raimund. Friderike von Thalen — Alles Gefolge. Syrius.) (treten zur Seitenthüre ein.)

Rob. (bebt etwas zurück.) Mein Vater hier? — ich glaubte euch auf der Jagd, gnädigster Herzog!

Herz. Und soll dein Vater nicht gegenwärtig seyn dürfen, wenn Prinz Robert die Vornehmsten des Hofes hierher versammelt?

Rob. O mein Vater!

Herz. Sohn! Noch hatte ich keinen Augenblick, dich an die süssesten deiner Kindespflichten zu erinnern; ich fühl' es, daß meine Zeit bergab eilt, daß ich bald diesen Purpur ablegen muß, der für mich jetzt schon zu sehr lastet. Sohn! und daß ich mich nun—in deiner Nachkommenschaft, wie jetzt in dir — zum zweiten=

mahl verjüngt sehe, so wähle — wähle unter den Fürstentöchtern des Landes dir bald eine Gattin nach deinem Herzen, ohne Zwang wie deines Landes glücklichster Bürger.

Rob. (stürzt vor ihn hin.) Vater! verzeiht mir, ich kann nicht mehr wählen, seit 12 Minuten bin ich vermählt.

Herz. (und Raimund sehen einander an.) Sohn! was hast du gethan?

Rob. (ergreift hastig Werneks Hand, öfnet die Mittelthüre des Saals.)

Nand. (kniet auf dem Thron, führt Wernek an die Thüre.) Alter! ist das deine Tochter?

Wernek (in höchster Verlegenheit, bald den Herzog — Raimund — Robert ansehend (stotternd.) Euer Hoheit! ich — ich — ja — sie ist meine Tochter.

Robert. Sey es auch, wessen Tochter es wolle — (holt sie.) Sie ist mein Weib! (Sie stürzen zu des Herzogs Füßen.)

Herz. Freund! Bruder! unsere Kinder haben sich gefunden.

Raim. So war es also dein Werk, o Vorsehung! sie mußten sich finden.

Rob. Was höre ich — Nandchen — Fürst Raimunds Tochter?

Nand. Du mein Vater!

Raim. Meine Tochter! (Umarmung.)

H. z. Als wir Jünglinge waren, keimte der Wunsch in unserer Seele, daß, wenn wir einst mit Kindern gesegnet würden, sie sich finden und lieben möchten — aber nicht sollten sie einander finden in Fürstenpracht — sie sollten einander finden und lieben wie glückliche Bürger, sollten mit Zwang und Hindernissen kämpfen, um sich darin zu befestigen.

Raim. Darum ließ ich dich in Abgeschiedenheit von der grossen Welt aufwachsen, um dich — ganz deiner Geburt entgegen, von der unverdorbenen Natur bilden zu lassen.

Herz. (zu Robert.) Ihr solltet Bürger seyn, um über Bürger herrschen zu lernen — ihr solltet alle Beschwerden des Menschenlebens empfinden, um nicht gefühllos für das Klagen der Nothleidenden zu seyn — ihr solltet die Menschen zuerst lieben lernen, um einst von ihnen wieder geliebt zu werden.

Sie stürzen zu des Herzogs Füssen.

Rob. O mein Vater!
Nant O mein Vater!
Frid. gen über euch und eure Gemahlin, liebenswürdigster Prinz!

Herz. Steht auf künftiger Herzog und Herzogin! Nun beugt ihr eure Knie nur vor Gott — ihr habt wacker ausgehalten, geniesset nun, was ihr verdient. Aber seyd eingedenk eures Bürgerlebens — Es ist fürstlicher, wenn die Welt ihre Knie mehr vor eurer Tugend — als vor eurer Krone beugt.

Raim. O Freund! blick auf, wenn dein Auge nicht in der Freude verblendet — unser heiß-

fester Jünglingswunsch ist erfüllt: unsere Ki[nder]
ber haben sich gefunden! Sie haben Väter b[e]
trogen, die sie so sehr liebten, denn sie liebt[en]
einander noch mehr — (mit steigendem Affekt)
Gott! Wir arme Fürsten können unsern Kinde[rn]
nichts geben, als 2 Reiche und glückliche Unte[r]
thanen — gib du ihnen deinen Segen.

Robert und Nandchen stürzen zu ihren Füßen.

Rob. Und so wird euch die Nachwelt ein[st]
kennen lernen — Vielleicht nicht als die glüc[k]
lichsten Fürsten — aber doch — in euren Nach[-]
kommen — als die glücklichsten Väter.

Syr. Nun meine Herren! wie gefällt euc[h]
diese fürstliche Familiengruppe? O Heil dem Lan[-]
de! wo Fürsten Kinder das Elend ihrer Mitmensche[n]
kennen lernen, um einst gute Regenten zu werde[n.]

Allgemeine Gruppe.

Der Vorhang fällt.